Polen
mit dem Wohnmobil

Herrliche Seenlandschaft in Masuren

Rainer D. Kröll

POLEN MIT DEM WOHNMOBIL

Die schönsten Routen
von der Ostseeküste bis nach Masuren

BRUCKMANN

Störche gibt es überall in Masuren.

INHALT

Die vielen Seen in Masuren
erzeugen mystische Morgenbilder.

» VIELGESTALTIGES POLEN

Polen ist ein ideales Land für Campingurlauber.

Die sechs Reiserouten in diesem Buch sind so gestaltet, dass sie in einer Rundfahrt mit einigen Abstechern die Sehenswürdigkeiten im nördlichen Polen erreichen. Damit sind nicht nur die herrlichen Städte, Burgen und Schlösser gemeint. Besonderen Wert haben wir auf die reichen Naturschönheiten und die großartigen Seengebiete gelegt. Immerhin zeigt sich Polens Natur in zehn Biosphärenreservaten, von denen einige in die Liste des UNESCO-Welterbes eingetragen sind. Es gibt im grünen Polen 23 Nationalparks und über 120 Landschaftsparks. Außer den 3000 masurischen Seen finden sich weitere Seenplatten wie in der »Kaschubischen Schweiz«, in Westpolens Woiwodschaft lubuskie und in Pommern.

Liebhaber der Architektur kommen ebenfalls nicht zu kurz. Durch Dänemark, Deutschland und Polen führt die Europäische Straße der Backsteingotik. Alle wichtigen Orte in Polen wie Chełmno, Grudziądz, Płock, Olsztyn, Danzig und Stettin liegen entlang der sechs Routen in diesem Reiseführer.

Auf unserer Entdeckungsfahrt nehmen wir uns der verschiedensten Interessensgebiete an und zeigen Natur, Museen, Burgen, Kirchen, historische Städte, Badeplätze und auch Anlaufpunkte, die besonders Kindern Spaß machen. Alle vorgeschlagenen Dinge zu sehen, führt uns zu einer sehr langen Reise über schier endlose Landstraßen. Wenn Sie nicht so viel Zeit haben oder nur bestimmte Interessen, suchen Sie sich einfach Ihre Favoriten aus und lassen Sie anderes links liegen, aufgespart für die nächste Reise nach Polen. Wenn Sie über Autobahnen einreisen oder über solche die Routen abkürzen, beachten Sie die Hinweise im Kapitel »Reiseinformationen von A bis Z« unter dem Stichwort »Maut«.

DIE REGIONEN UND LANDSCHAFTEN

Für manche Menschen ist Polen immer noch Teil der östlichen Hemisphäre und Terra incognita. Dabei zählt dieses demokratische Land zu den attraktivsten Reiseländern Mit-

teleuropas – mit boomenden Tourismuszahlen. Dies gilt umso mehr für einen Campingurlaub. Unglaublich lange Sandstrände der Ostsee wetteifern mit herrlichen Seenplatten im Binnenland um die Gunst der Feriengäste. Liebliche, gewellte Landschaften, die beruhigen und das Auge erfreuen, begleiten die Straßen. Von Urwäldern bis zu den Dünenlandschaften an der Ostsee ist alles zu haben. Zahlreiche Nationalparks setzen die Höhepunkte in der überreichen Natur. Geschichtsträchtige Orte und Städte, die in bester Ausführung restauriert wurden, zeigen urbanes Leben der Vergangenheit und Gegenwart. Burgen und Schlösser sind Zeugen machtvoller Zeiträume des Landes. Kultur und Natur, oft mit der Auszeichnung »UNESCO-Weltkulturerbe«, warten auf die Gäste.

Polen ist in 16 sogenannte Woiwodschaften gegliedert. Dies sind Verwaltungsbezirke, die wiederum in Landkreise (Powiat) unterteilt sind. Der Name Woiwodschaft ist abgeleitet von Województwo und dieses Wort von Woiwode, was so viel wie Herzog bedeutet. Im nördlichen Polen liegen im Ablauf der in

Am langen Strand von Ustka

Seenparadies Masuren

diesem Buch dargestellten Reiserouten folgende Woiwodschaften:

Województwo lubuskie (Woiwodschaft Lebus) grenzt im Westen an die deutschen Länder Brandenburg und Sachsen und umfasst im Wesentlichen das frühere Ostbrandenburg und Teile des früheren Posen-Westpreußen. Die hügelige Landschaft ist geprägt von Wäldern, Seen und Flüssen. Im Bereich der Odra (Oder) und Warta (Warthe) ziehen sich Sümpfe durch die Ebene, Lebensraum für seltene Pflanzen und Vogelarten. An der Warta-Mündung ist der Nationalpark Park Narodowy Ujście Warty entstanden. Im historischen Gorzów Wielkopolski (Landsberg an der Warthe) spiegeln sich der Dom St. Marien aus dem späten 13. Jahrhundert und die alten Speichergebäude in den Wassern der Warta.

Województwo wielkopolskie, die Woiwodschaft Großpolen, mit der Hauptstadt Poznań (Posen), gilt als die geschichtliche Keimzelle Polens. Das Gebiet entspricht weitgehend der früheren preußischen Provinz Posen. Sehenswert sind vor allem die alten Städte mit Bauten aus unterschiedlichen Epochen. Die Schlösser in Rogalin und Kórnik mitsamt ihren Parkanlagen sind die Goldstücke in der Woiwodschaft Großpolen. Die Seenplatte westlich von Poznań ist ein großartiges Urlaubs- und Erholungsgebiet.

Die **Województwo kujawsko-pomorskie** (Woiwodschaft Kujawien-Pommern) befindet sich im nördlichen Zentralpolen. Die Hauptstädte sind Bydgoszcz und Toruń. Bydgoszcz liegt malerisch an dem Fluss Brda. Reizend ist das »Bydgoszczer Venedig« genannte Malerviertel, dessen alte Häuser sich in dem Fluss spiegeln. Sehr sehenswert ist das gotische Toruń, Heimat des Astronomen Kopernikus. Die Altstadt im Stil der Backsteingotik ist UNESCO-Weltkulturerbe.

Województwo mazowieckie (Masowien) ist die größte Woiwodschaft Polens und umfasst das Gebiet um die Hauptstadt Warschau. Die Ebene Masowiens durchziehen Weidenalleen und Bachläufe. Es ist die romantisch-melancholische Landschaft Fryderyk Chopins. Die Wisła (Weichsel) hat die Landschaft geprägt. An ihr liegt der Kampinos-Urwald. Romantische Schloss- und Parkanlagen befinden sich in Arkadia und Nieborów. Warszawa (Warschau) wurde nach dem Zweiten Weltkrieg weitgehend originalgetreu wiederaufgebaut und gehört zum Weltkulturerbe der UNESCO. Historischer Mittelpunkt der Altstadt ist der prächtige Rynek (Marktplatz).

Volkstümliche Madonna an der Kirche in Słońsk

Województwo podlaskie (Podlachien) liegt im Nordosten Polens und grenzt an das russische Kaliningrad, an Litauen sowie an Weißrussland. Podlachien ist die am wenigsten besiedelte Woiwodschaft Polens und gilt als der »wilde Osten« Polens mit dem letzten Urwald Mitteleuropas. Im UNESCO-Weltnaturerbe Białowieża-Nationalpark leben die letzten Wisente Europas in freier Wildbahn. Elche, Wölfe und Braunbären sind auch anzutreffen. Im Seengebiet Wigry im äußersten Nordosten Polens gibt es exzellente Wassersportmöglichkeiten. Das Branicki-Schloss in Białystok gilt als »polnisches Versailles«. Die Renaissance-Synagoge in Tykocin ist die schönste in Europa.

Województwo warmińsko-mazurskie (Ermland-Masuren) mit der Hauptstadt Olsztyn (Allenstein) umfasst den nordöstlichen Teil Polens. Ermland-Masuren grenzt an Litauen und im Norden an die russische Exklave Kaliningrad sowie an einen kurzen Küstenabschnitt des Frischen Haffs. Das Gebiet Ermland-Masuren bildete einst mit Kaliningrad das ehemalige Ostpreußen. Die in Liedern besungenen hohen Himmel Ostpreußens wirken im Land der 3000 Seen besonders deutlich. Zu den Farben des Sommers gehören die leuchtend gelben Rapsfelder und Wiesen mit den roten Tupfern der Mohnblumen. Die Dichte an Gutshäusern und Schlössern kommt der Anzahl derer an der Loire in Frankreich nahe. Die Adelshäuser sind deutsch-polnisches Kulturerbe.

Masuren wurde von der Eiszeit durch Tausende Seen und Moränenhügel geprägt und eignet sich ideal zum Wassersport. Die meisten großen Seen sind mit Flüssen und Kanälen verbunden, sodass sich ein großes Netz von Wasserwegen bildet. Sehenswert sind vor allem die zahlreichen Kreuzritterburgen des Deutschen Ordens und die Wallfahrtskirche Heilige Linde. Masuren zählt zu den größten Ferienregionen Polens. Mikołajki (Nikolaiken) liegt malerisch zwischen den Seen und ist bekannt als »masurisches Venedig«. In den Sommermonaten steigt die Zahl der Bewohner um ein Vielfaches. Hier gibt es einen großen Jachthafen, Campingplätze, Restaurants und Läden. Aber der östliche Bereich Masurens ist touristisch noch nicht so stark frequentiert und bietet Ruhe.

Das landschaftlich besonders reizvolle Warmia (Ermland) liegt zwischen dem westlichen Masuren und den Großen Masurischen Seen. Der berühmte Oberländische Kanal führt zur Ostsee und überwindet dabei einen Höhenunterschied von 100 Metern. Schiffe

Danzig ist ein Traum.

werden auf Schienen über die Hügel gezogen. Olsztyn (Allenstein) ist die größte Stadt in Ermland-Masuren und bietet eine ganze Reihe von Sehenswürdigkeiten, unter anderem die Burg des Deutschen Ritterordens aus dem 14. Jahrhundert.

Województwo pomorskie (Pommern) mit der Hauptstadt Gdańsk (Danzig) umfasst den Osten der historischen Landschaft Pommern. Das wirtschaftliche und kulturelle Zentrum ist die sogenannte Dreistadt: Gdańsk, Sopot und Gdynia. Danzig, die Stadt des Bernsteins, ist unbeschreiblich schön. Man muss es gesehen haben. Die Marienburg ist die größte Backsteinburg der Welt. In der Woiwodschaft Pommern finden sich endlose Sandstrände der Ostseeküste mit dem wüstenartigen Sandmeer von Dünen im Slowinzischen Nationalpark. Die Halbinsel Hel bietet traumhafte Wassersportmöglichkeiten. Hier ist ein Zentrum der europäischen Kitesurfer. Westlich von Danzig liegt die »Kaschubische Schweiz« mit der großen Seenplatte, die ein verzweigtes Netz von Wasserwegen bildet.

Województwo zachodniopomorskie (Westpommern) liegt im nordwestlichen Teil Polens und berührt so die deutsche Grenze an der Ostsee. Die schönsten Strände sind auf der Insel Wolin, auf Usedom bei Świnoujście (Swinemünde) und bei Kołobrzeg (Kolberg) zu entdecken. Auch die Pommersche Seenplatte bietet Urlaubern große Möglichkeiten. Sehenswert sind vor allem die Backsteingotik-Altstädte und die Metropole Szczecin (Stettin).

LANGE GESCHICHTE SEHR KURZ

Die wechselvolle Geschichte Polens füllt ohne Weiteres einige Bücher wie dieses. Das heutige Gebiet Polens war nicht immer unter polnischer Herrschaft. Erst um das Jahr 1000 formte sich Polen unter Königen zu einer großen Nation. 1772 wurde Polen unter Russland, Preußen und Litauen aufgeteilt. Nach Napoleon kam es zu einer Neugründung Polens unter der Macht der russischen Zaren. 1918 erlangte Polen seine Unabhängigkeit zurück.

Pierogi ist eines der typischen polnischen Gerichte.

Ein unabhängiges Polen gab es erst nach dem Ersten Weltkrieg. Im Jahr 1939 endete mit dem Überfall der Deutschen die unabhängige Zeit. Die Verbrechen an der polnischen Bevölkerung und an den Juden sind unbeschreiblich. Aufgrund des Hitler-Stalin-Paktes besetzten die Russen den Osten des polnischen Staatsgebietes.

Nach dem Zweiten Weltkrieg konnte Polen seine Grenzen ausweiten. Deutsche aus den ehemals preußischen Gebieten wurden vertrieben und Polen wurde Teil des Ostblocks. Mit der Gewerkschaft Solidarność begann eine Systemwende. Seit 1989 befindet sich Polens Gesellschaft im Umbruch in eine westlich orientierte Zeit. 1999 wurde im Zuge der Osterweiterung Polen zu einem Nato-Mitgliedsland. Seit 2004 gehört Polen zur EU.

DIE POLNISCHE KÜCHE

Der Speisezettel in Polen ist geprägt von landwirtschaftlichen Produkten hoher Qualität. Es finden sich russische, polnische und deutsche Elemente. Zu jeder ordentlichen Mahlzeit gehört vor allen Dingen viel Fleisch, aber auch Gemüse. Die polnische Küche zählt auf keinen Fall Kalorien. Deftige Hausmannskost ist die richtige Bezeichnung für die meisten typischen Gerichte, die in Soßen und Sahne baden. Zu den aus Geflügel, Fisch, Fleisch oder Wild bestehenden Hauptgerichten werden gekochte oder gebackene Kartoffeln, Grütze oder besondere polnische Klöße und gekochtes oder mariniertes Gemüse serviert. An der Küste scheint der Fisch für etwas leichtere Gerichte zu sorgen. Gefüllte Waffeln mit Blaubeeren oder Erdbeeren bilden das Dessert. Kuchen gibt es sowieso. Erwähnenswert ist der masurische Baumkuchen.

Wehe dem Reisenden, der polnische Freunde gefunden hat, die zum Essen einladen. Mit langen und reichhaltigen Speisefolgen von Suppe bis Kuchen versuchen sie, die Gäste zum Platzen zu bringen. Die Gastgeber glauben, viel Wodka könne der Überfüllung entgegenwirken. Versuchen Sie trotzdem einmal folgende Gerichte:

Barszcz ist eine Rote-Bete-Suppe, oft mit gefüllten Teigtaschen.
Bigos ist ein Sauerkrauteintopf, der mit Wurst, Schinken oder Fleisch und Kartoffeln zubereitet wird.
Gołąbki sind mit Hackfleisch und Reis gefüllte Krautwickel, die mit Soße und Kopytka (Kartoffelknödeln) serviert werden.
Kiełbasa sind polnische Würste in verschiedensten Variationen.
Pierogi sind leckere Teigtaschen, die mit Sauerkraut, Pilzen, Hackfleisch, Kartoffeln oder Käse gefüllt sind.
Żur ist das älteste polnische Gericht, eine Suppe aus sauer eingelegtem Roggenmehl und angetrocknetem Brot. Serviert wird sie mit Wurst und hart gekochten Eiern.

Zum Essen wird außer Wodka (Wässerchen) eines der vorzüglichen polnischen Biere getrunken. Die Brau-Tradition ist lang und die Ergebnisse sind gut. Die polnische Wodka-Tradition soll älter als die russische sein. Am originellsten ist der Żubrówka. In der Flasche steckt ein aromatischer Grashalm aus dem Urwald von Białowieża.

Selbstversorger können sich mit guten Produkten auf Bauernmärkten, bei den Erzeugern oder in den Supermärkten eindecken. Agrarprodukte sind gut und meist günstiger als in Deutschland. Achten Sie auch auf die kleinen Tante-Emma-Läden (Sklep), die oft eine beträchtliche Auswahl führen. Wer den Kühlschrank in seinem Wohnmobil schon zu Hause füllt, macht einen Fehler.

Die Häuser am Marktplatz geben sich behäbig und gemütlich.

DIE MENSCHEN IN POLEN

Etwa 91 Prozent der 38,6 Millionen Menschen in Polen sind römisch-katholisch. Die große Volksfrömmigkeit zeigt sich im Kirchenbesuch, in den vielen geschmückten Feldkreuzen und in den zahlreichen langen Prozessionen auf Polens Landstraßen. Besonders stolz waren die Polen auf Kardinal Karol Wojtyła, der 1978 in Rom zum Papst Johannes Paul II. gewählt wurde. Durch die starke Verbundenheit mit der Religion sind die Polen vielen Traditionen verpflichtet.

Die Polen gelten als sehr gastfreundlich und großzügig und können unglaublich optimistisch sein. Gastfreundschaft ist immer mit Essen und Trinken verbunden. Eine Einladung kann schon mal zu einer Überlastung des Magens führen. Die Speisenfolge ist meist lang und der Wodka viel. Widerstand ist zwecklos. Geschenke oder eine Gegeneinladung werden erst nach mindestens dreimaliger Ablehnung angenommen. Die höflichen Umgangsformen sind in Polen noch etwas wert. Gespräche über Politik sind ein »heißes Eisen«.

Der Eintritt Polens in die Europäische Union im Jahr 2004 wirkte sich positiv auf die Wirtschaft aus. Sie verzeichnet gute Zuwächse. Das Exportvolumen hat sich kräftig erhöht. Die Arbeitslosenquote hat sich bei unter zehn Prozent eingependelt. Allerdings arbeiten über zwei Millionen Polen im europäischen Ausland, wo die Löhne höher sind als in Polen. Ein soziales Netz wie in Deutschland gibt es in Polen nicht.

62 Prozent der Menschen leben heute in den Städten, 1946 waren es nur 32 Prozent. Die Bevölkerung Polens ist jung. 18 Prozent der Menschen sind jünger als 15 Jahre. Fünf Prozent der polnischen Bevölkerung gehören ethnischen Minderheiten an. Das sind Ukrainer, Deutsche, Weißrussen, Slowaken, Tschechen, Litauer, Roma und Juden.

Vor dem Zweiten Weltkrieg sah die ethnische Zusammensetzung der Bevölkerung noch anders aus. Rund ein Drittel setzte sich hauptsächlich aus Ukrainern, Juden, Weißrussen und Deutschen zusammen. Zwangsdeportationen, Umsiedlungskampagnen und der Holocaust bewirkten starke Verände-

Ruhe und Gelassenheit sind angesagt.

Die Straße überquert den Kanal Wisła-Królwieka.

rungen in der ethnischen Bevölkerungsstruktur. Drei Millionen polnische Juden wurden von Deutschen ermordet. 3,5 Millionen Deutsche, vor allem aus Ostpreußen, Westpreußen, Pommern und Schlesien, wurden zwischen 1945 und 1947 nach Deutschland vertrieben. 1947 siedelte die polnische Regierung 750 000 Ukrainer aus dem Südosten

Am Stary Rynek in Warschau

Polens nach Nordpolen und in die Ukraine um. 1,5 Millionen Polen wurden zwischen 1945 und 1947 aus Litauen, Weißrussland und der Ukraine nach Polen ausgesiedelt.

Doch die Vergangenheit gibt heute keinen Grund für Hass und Angst in den polnischen Köpfen. Heute fühlen sich die meisten Polen als moderne Europäer, Europa wurde sozusagen erweitertes Heimatland. Sie sehnen sich nur nach Normalität, Freude und Frieden in ihrem Leben.

MIT GELASSENHEIT DURCH POLEN

Eine Reise durch Polen geht nicht schnell. Auf den Autobahnen sind kaum Sehenswürdigkeiten zu erblicken. Auf den Landstraßen bremsen schier endlose Straßendörfer mit der erlaubten Geschwindigkeit von 50 km/h. Bei der Anfahrt zu den Naturschönheiten und Baudenkmälern in abgelegenen Gebieten ist manchmal mit schlechten Straßen zu rechnen. Es gibt Bodenwellen in jede Richtung, Schlaglöcher, abgebrochene Fahrbahnränder, Alleebäume, zu denen sich der Aufbau des Wohnmobils beängstigend hinneigt, und dann noch entgegenkommende Lastwagen, die ihr Tempo kaum reduzieren. Da bleibt nur defensives und umsichtiges Fahren und die Devise für die erlebnisreiche und faszinierende Reise durch das nördliche Polen lautet: Lassen Sie sich Zeit und bleiben Sie gelassen.

Kunstvolle Dekorationsarbeit an der Kathedrale St. Johannes in Kamień Pomorski

KLEINES WÖRTERBUCH

DIE VERSTÄNDIGUNG IN POLEN

Englisch sprechen zumindest viele Stadtmenschen und natürlich viele Bedienstete in den Restaurants oder in den Tourist-Infos. Auch verstehen manche Deutsch. Trotzdem ist es hilfreich, zumindest einige polnische Begriffe zu kennen. Polnisch ist allerdings keine leichte Sprache, denn die Aussprache der vielen Zischlaute ist schwierig. Eine Bestellung im Restaurant oder die Frage nach dem Weg auf Polnisch mit falscher Betonung wird dennoch mit Wohlwollen aufgenommen. Die Betonung liegt bei polnischen Worten fast immer auf der vorletzten Silbe. Spezielle Buchstaben im polnischen Alphabet sind ą, ć, ę, ł, ń, ó, ś, ź und ż. Sie werden folgendermaßen ausgesprochen:

ą/Ą – wie frz. Bonb**on**
ć/Ć – wie dt. Mä**dch**en
ę/Ę – wie frz. Cous**in**
ł/Ł – wie engl. **w**ater
ń/Ń – wie dt. Champi**gn**on
ó/Ó – wie dt. Z**u**g
ś/Ś – wie dt. Bü**ch**er
ź/Ź – wie dt. i**ch**
ż/Ż – wie dt. Eta**g**e

DAS WICHTIGSTE

Guten Tag! – Dzień dobry!
Guten Abend! – Dobry wieczór!
Auf Wiedersehen! – Do widzenia!
Gute Nacht! – Dobranoc!
Hallo! – Cześć!
Entschuldigung! – Przepraszam!
bitte – proszę
danke – dziękuję
ja – tak
nein – nie
heute – dzisiaj
morgen – jutro
übermorgen – pojutrze
gestern – wczoraj

Polen ist ein grünes Land.

morgens – rano
nachmittags – po południu
abends – wieczorem
Ich verstehe – rozumiem
Ich verstehe nicht – nie rozumiem
Ich weiß nicht – nie wiem
Sprechen Sie Deutsch? – Czy mówi Pan po niemiecku?
Sprechen Sie Englisch? – Czy mówi Pan po angielsku?
Ich spreche kein Polnisch. – Nie mówię po polsku.
Ich bin Deutsche/Deutscher. – Jestem Niemką/Niemcem.
Wie spät ist es? – Która godzina?
Wie geht's? – Jak się masz?

UNTERWEGS

Wo ist ...? – Gdzie jest ...?
Ich habe reserviert. – Mam rezerwację.
Zeltplatz – pole namiotowe
Kann man hier zelten? – Czy można tu rozbić namiot?
Meer – morze
Strand – plaża
Taxi – taksówka
Auto – auto/samochód
Straße – ulica
Parkplatz – parking
gebührenpflichtiger Parkplatz – parking platny
bewachter Parkplatz – parking strzeżony
überwachter Parkplatz – parking dozorowany
links – lewo
rechts – prawo
geradeaus – prosto
Umleitung – objazd
Ende – koniec
folgend (Beginn) – koleiny
Überholverbot – zakaz wyprzedzania
Polizei – policja
Unfall – wypadek
Tankstelle – stacja benzynowa
Benzin – benzyna
Öl – olej
Reparatur – naprawa
Wasser – woda
Eingang – wejście
Ausgang – wyjście
Zutritt verboten! – Wstęp wzbroniony!
Toilette – toaleta
besetzt – zajęte
frei – wolne
geschlossen – nieczynne
Information – informacja
Rauchen verboten! – Palenie wzbronione!

Die hölzernen Kirchen und Moscheen in den Tatarischen Dörfern atmen schon die russische Seele.

Masuren, das Land der hohen Himmel und 3000 Seen

» DIE ROUTEN

1 SÜMPFE, SEEN, BURGEN UND HISTORISCHE STÄDTE

Von der Oder über Poznań nach Żnin

Mit der Überquerung der Oder beginnt die Reise in die überraschenden und spannenden Landschaften Polens. Im Mündungsdelta der Warthe in die Oder zählt der Nationalpark Ujście Warty zu den ornithologisch wertvollsten Gebieten in Polen. Die wundervolle Königsstadt Posen gilt als Keimzelle des polnischen Staates. Vor ihren Toren liegt der Wielkopolski-Nationalpark mit seinen stillen Seen. Die Schlösser Rogalin und Kórnik sind die Edelsteine in der Landschaft um Posen. In Gniezno steht eine der kunsthistorisch bedeutendsten Kathedralen Polens. Mit einer Schmalspurbahn wartet Żnin auf die Touristen.

Das hübsche Rathaus von Ośno Lubuskie ist im Originalzustand erhalten.

ROUTE 1

START- UND ENDPUNKT
Frankfurt (Oder)/Słubice und Żnin

STRECKENLÄNGE
526 km

FAHRZEIT
4 bis 5 Tage

BESTE JAHRESZEIT
Juni bis September

Die Reise durch das nördliche Polen startet am Grenzübergang Frankfurt (Oder) auf der deutschen A 12 im Übergang zur polnischen A 2. Sollten Sie mit einem Wohnmobil über 3,5 Tonnen unterwegs sein, beachten Sie bitte in Kapitel »Reiseinformationen von A bis Z« den Punkt »Maut«.

Bis zur ersten Autobahnausfahrt ist die polnische A 2 kostenfrei. Ab der Ausfahrt fahren wir auf den Straßen Nummer 29 und 137 nach Nordosten in Richtung Ośno Lubuskie. Unter den Rädern haben wir hier die **Woiwodschaft lubuskie** (Lebus), die zu den landschaftlich und geschichtlich interessantesten Regionen Westpolens gehört. Rund 500 Lebuser Seen verschönern die Gegend und machen sie zu einer Urlaubsregion mit entspannter Atmosphäre. Ein erster Badeplatz liegt kurz vor dem Abzweig nach Ośno Lubuskie am Jezioro Małe Czyste, allerdings hat er nur einen winzigen Parkplatz.

OŚNO LUBUSKIE

Das ehemals deutsche **Drossen**, heute Ośno Lubuskie, ist eine der zahllosen Kleinstädte in Polen mit eigenem morbiden Charme, aber es besitzt eine der besterhaltenen Stadtbefestigungsanlagen Europas. Parken kann man das Wohnmobil auf dem großen Parkplatz fast direkt vor der gotischen Backsteinkirche, die auch Station auf dem Jakobsweg ist.

Die Stadt fand bereits im 13. Jahrhundert als Besitz der Lebuser Bischöfe Erwähnung. Die große **Jakobikirche** aus demselben Jahrhundert ist die schönste im Lebuser Land, aber renovierungsbedürftig. Die Ausstattung der Kirche stammt aus dem 17. Jahrhundert. Das herrschaftliche Rathaus, obwohl aus einer anderen Zeit, passt gut neben die Kirche und bildet mit ihr ein auffallendes Ensemble. Das **Rathaus** ist im Stil der italienischen Neorenaissance mit neogotischen Elementen im

SPECIAL

DAS KATHOLISCHE POLEN

Auf einer Reise durch Polen fallen nicht nur die vielen Kirchen, Madonnen und geschmückten Feldkreuze auf. Irgendwann begegnet dem Reisenden unweigerlich eine lange Kolonne von singenden und betenden Wallfahrern. Manche rutschen auf den Knien zum Zielort. Rund 90 Prozent der polnischen Bürger bezeichnen sich als gläubige Katholiken. Die tiefe Volksgläubigkeit zieht sich durch alle Bevölkerungsschichten. Demgemäß hat die katholische Kirche in keinem Land Europas einen solch starken Einfluss auf das tägliche Leben wie in Polen. Sie mischt sich laut in die Politik und in die Familien ein. Überall in Polen hängen Reklametafeln des fundamentalistischen, nationalkonservativen Senders Radio Maryja. Jede Sendung beginnt mit den Worten: »Hier ist Radio Maryja, die katholische Stimme in deinem Haus. Gelobt seien Jesus Christus und die Jungfrau Maria.« Die Polen lassen die ka-tholische Stimme gern in ihr Haus: Radio Maryja belegt in Polens Radiolandschaft den fünften Platz.

Die Stadtmauer mit den Wehrtürmen zeugt von der mittelalterlichen Stärke der Stadt.

19. Jahrhundert entstanden und als solches eine Perle der Architektur.

Die kleine Stadt kann in einem zwei Kilometer langen Spaziergang rund um die Stadtmauer aus dem 14. und 15. Jahrhundert umwandert werden. Die Stadtmauer aus Feldsteinen ist fast vollständig erhalten, lediglich das Frankfurter und das Zielenziger Tor sind nur noch in Fundamenten sichtbar. Im Norden vor der Stadt liegt in einem Kilometer Entfernung der **Jezioro Reczynek** (Röthsee), ein Erholungsgebiet mit Badestrand, Bootsverleih und dem Campingplatz **Victorio-Camp**.

PREUSSENFESTUNG, VÖGEL UND SAFARI

Auf der ulica Gronowska bewegen wir uns aus Ośno Lubuskie weiter nach Norden und erreichen den kleinen Ort **Słońsk**, der ein gu-

SPECIAL

PARK NARODOWY UJŚCIE WARTY

Der Wasserspiegel des 80 Quadratkilometer großen Binnendeltas der Mündung der Warta in die Oder unterliegt Schwankungen von bis zu vier Metern. Die Landschaft ist ein Mosaik aus Wiesen, Weiden, Seggenrieden und Schilfröhrichten, bei Hochwasser eine fast durchgehende Wasserfläche. In dem Nationalpark nisten 248 Arten von Wasser- und Sumpfvögeln, daher ist er vor allem für Vogelfreunde ein wahres Mekka. Kiebitz, Rotschenkel, Bekassine, Uferschnepfe, Großer Brachvogel, Flussregenpfeifer und Austernfischer brüten in dem Gebiet und auch Graugänse, Saatgänse, Brandgänse und zehn Entenarten zeigen sich dem geduldigen Beobachter. Von Wachtelkönig bis Seeadler ist alles vertreten. Ein besonderes Schauspiel bieten zu bestimmten Zeiten die einfliegenden Kraniche. Pflanzenkundler kommen ebenso auf ihre Kosten. Insgesamt wurden rund 500 Pflanzenarten gezählt, von denen einige akut gefährdet sind. In den Gewässern tummelt sich sogar der atlantische Stör.

Info: Park Narodowy Ujście Warty, Chyrzyno 1, 69-113 Górzyca, Tel. +48 95 7524027, www.pnujsciewarty.gov.pl

Im Naturpark der Warta-Mündung bei Hochwasser

ter Zugang in den **Park Narodowy Ujście Warty** (Nationalpark Warthemündung) ist. An der Kirche, gegenüber dem abgebrannten Johanniterschloss, sind Informationstafeln mit Lageplan und verschiedenen Wander- und Radtouren, die bis zu 21 Kilometer lang sind, aufgestellt.

Man sollte nicht mit dem Wohnmobil in das Gebiet fahren, denn es besteht besonders bei Hochwasser keine Umkehrmöglichkeit. Am besten kann der Naturpark von der Kirche in Słońsk entlang des Flüsschens Postomia zu Fuß oder mit dem Rad erkundet werden (Informationen siehe www.pnujscie-warty.gov.pl; die Internetseite zeigt weitere Vorschläge zur Erkundung des Gebietes).

Sieben Kilometer südöstlich von Słońsk gibt es in ländlicher Umgebung in Ownice den Wohnmobilstellplatz **Fish Camp Łowisko**.

Kostrzyn
Saurierpark
Zoo Safari
59 km 132
Gorzów Wielkopolski

Auf dem Picknickplatz am Rand des Nationalparks

Von der preußischen Festung sind noch starke Mauern erhalten.

Bei der Fahrt auf der 22 nach Westen in Richtung Kostrzyn zeigt sich rechts der Straße nicht nur die sumpfige Ebene des Park Narodowy Ujście Warty. An einem Picknickplatz (N 52°32'34.9" E 14°45'38.4") gibt es im Hintergrund auch kleine Binnendünen mit karger Bodenvegetation zu sehen.

Noch vor Kostrzyn liegt das **Naturparkzentrum** des Nationalparks. Ein frei zugänglicher Aussichtsturm ermöglicht ein herrliches Panorama über die Warthemündung bis hinüber nach Kostrzyn. Im Garten werden Pflanzen des Gebietes vorgestellt. Ein bezaubernder Schmetterlingsgarten mit entsprechenden Futterpflanzen und ein Barfuß-Weg für unterschiedlichste Gefühle an den Fußsohlen vervollständigen das Freizeitangebot des Besucherzentrums.

Im Garten des Naturparkzentrums

Kostrzyn nad Odrą (Küstrin) gilt als »Pompeji an der Oder«. Vom Parkplatz an der großen BP-Tankstelle oder vom Parkplatz am Grenzübergang aus kann die einst bis auf die Grundmauern zerstörte Altstadt und preußische Festung gut zu Fuß besichtigt werden. Im rekonstruierten **Brama Berlińska** (Berliner Tor) befinden sich die Tourist-Info und eine Ausstellung zur Geschichte.

Im Jahr 1969 fand in Amerika das legendäre Woodstock-Festival statt. Seit 1995 gibt es gewissermaßen als Nachwirkung das **Woodstock-Festival** in Polen, zu dem bis zu 750 000 Zuschauer strömen (www.woodstockfestival.pl). Eine kleine Schleife führt über die 31 zur 132 am Festivalgelände vorbei und leitet weiter nach Nordosten. Die 132 grenzt nun im Norden an den Park Narodowy Ujście Warty, wo es von **Dąbroszyn** aus noch einmal die Gelegenheit gibt, in den Naturpark Warthemündung zu gelangen.

Kinder freuen sich auf den **Saurierpark** in **Nowiny Wielkie**. Entlang eines Waldlehrpfades können hier lebensgroße Sauriermodelle bestaunt werden (Kolejowa 1B, 66-460 Nowiny Wielkie, www.park-dinozaurow.pl). Auf einem weiteren Abstecher auf der 131 nach Süden gibt es vor **Świerkocin** einen **Safaripark** mit vielen Tieren und Kinderkarussells (www.zoo-safari.com.pl). Wer im Anschluss einen ruhigen Pausenplatz sucht, findet diesen 1,5 Kilometer weiter nach der Brücke rechts am Ufer der Warta.

ALTE STÄDTE, SCHLÖSSER UND BUNKER

Auf der 132 nach Osten ist schnell **Gorzów Wielkopolski** (Landsberg an der Warthe) erreicht. Ein bewachter Parkplatz befindet sich nahe der Uferpromenade in der ulica Cichońskiego 1, ein unbewachter und ruhiger Parkplatz liegt auf der anderen Seite der Warta. Die Uferpromenade mit Cafés und Restaurants lädt zum Spazierengehen ein. Die **Kathedrale Sankt Maria** im Stil der Backsteingotik mit ihrem massigen Turm wurde im 13. Jahrhundert erbaut. Der **Stary Rynek** (Alter Marktplatz) mit dem schönen Paukschbrunnen, benannt nach dem Ehrenbürger Hermann Pauksch, liegt direkt hinter der Kathedrale. Auf der anderen Seite der Warta fällt ein riesiges historisches Speichergebäude in Fachwerkbau auf, in dem heute das **Ethnografische Museum Lubuskie** untergebracht ist (www.muzeumlubuskie.pl).

Auf dem weiteren Weg auf der 22 und 136 nach Süden liegt das im 18. Jahrhundert erbaute **Schloss Lubniewice** in einem verwunschenen und verwachsenen Schlosspark am attraktiven Jezioro Lubiąż (Lubiąż-See). Das

Im Saurierpark von Nowiny Wielkie

Beschaulicher Pausenplatz an der Warta

Blick auf die Stadtkulisse und Uferpromenade von Gorzów Wielkopolski

Schloss ist im Verfall begriffen und kann nicht besichtigt werden. Aber der versteckt am See gelegene **Camping Leśna** bietet mit Badeplatz und Bootsverleih erholsame Zeiten.

Die 136 geht weiter im Süden in die 137 und dann in die 138 über und überquert die A 2. Wir wenden uns auf der parallel dazu verlaufenden 92 nach Osten. Bei Gronów nehmen wir die 1236 nach Norden unter die Räder und erreichen den Parkplatz in Łagów Ost (N 52°19'57.7" E 15°17'48.1"). Fahren Sie nicht von Westen her Łagów an, denn das enge Stadttor lässt nur Fahrzeuge bis zwei Meter Höhe durch.

Łagów liegt wunderbar zwischen den zwei Seen Jezioro Ciecz und Jezioro Łagowskie im Landschaftspark Łagowski Park Krajobrazowy und ist mit seiner Johanniterburg ein touris-

Gorzów Wielkopolski
Historische Stadt

76 km 132

Łagów
Johanniterburg
Bunkersystem Ostwall

137
40 km E65

Międzyrzecz
Historische Stadt und Burg
Wielkopolski Nationalpark
Schloss Rogalin
Schloss Kórnik

Mystische Stimmung am Jezioro Lubiąż

Das polnische Tor in Łagów lässt keine Wohnmobile durch.

tischer Höhepunkt. Im Jahr 1299 wurde Łagów zum ersten Mal erwähnt. Im 14. Jahrhundert baute der besitzende Johanniterorden die heute noch bestehende Burg, in der heute ein Hotel mit Restaurant ansässig ist. Direkt im Ort liegt idyllisch am See auch der **Camping U Michała** mit eigenem Badesteg und Strand. Bootsverleih, Geschäfte und Restaurants gibt es natürlich auch.

Auf der A 2 weiter nach Osten kommen wir nach Świebodzin und über die E 65 nach Norden auf den Parkplatz vor die Bunkeranlagen in **Pniewo**. Die Bunker und lange Tunnels, Anlagen des deutschen Westwalls, können besichtigt werden (www.bunkry.pl). Vier Kilometer westlich gibt es den Wohnmobilstellplatz **Wysoka** am Jezioro Paklicko mit Badeplatz und Bootsverleih.

Międzyrzecz liegt noch weiter im Norden, über die E 65 erreichbar. Vom großen Parkplatz zur Burg sind es nur 200 Meter. Międzyrzecz hatte eine strategisch wichtige Bedeutung, da die Stadt an den Wegen von Gnesen nach Magdeburg und von Stettin nach Breslau und Krakau lag. So entstand bereits um das Jahr 1000 eine Befestigung. Die heute zu sehende **Burg** in einem schönen Park an der Obra stammt aus dem 13. Jahrhundert und beherbergt ein Regionalmuseum (www.muzeum-miedzyrzecz.pl). Von Interesse ist auch die gotische Backsteinkirche Kościoł święty Jana (Kirche des heiligen Johannes des Täufers) aus dem 15. Jahrhundert in der ulica Świerczewskiego.

Die Johanniterburg in Łagów stammt aus dem 14. Jahrhundert.

Vor dem massiven Haupttor der Burg in Międzyrzecz

IM NATIONALPARK WIELKOPOLSKI

In Richtung Posen im Osten führen Landstraßen oder die A 2. Landschaftlich am schönsten ist die Strecke auf der 24 über Skwierzyna und dann über Pniewy. Nun sind wir inzwischen in der **Woiwodschaft wielkopolskie** (Großpolen), der Wiege des Staates Polen, denn hier finden sich zahlreiche Zeugnisse der über 1000-jährigen Geschichte des Landes.

AUSFLUG

WIELKOPOLSKI PARK NARODOWY

Der Nationalpark umfasst ein 7600 Hektar großes Wald- und Seengebiet und zeigt die Natur der Großpolnischen Moränen-Seenplatte, die durch die Einwirkung der Gletscher geformt wurde. Immer wieder sind große Findlinge aus dieser Zeit zu entdecken. Über 80 Kilometer Wander- und Radwege erschließen die weitläufigen Mischwälder. Gut 1100 Pflanzenarten, darunter Relikte aus der Eiszeit, über 3000 Insektenarten und 220 Vogelarten zeugen von der großen biologischen Vielfalt des Gebietes. Ein Museum für Naturkunde (Muzeum Przyrodniczego) befindet sich in Mosina.
Info: Wielkopolski Park Narodowy, Jeziory, 62-050 Mosina, Tel. +48 61 89823, www.wielkopolskipn.pl

Südwestlich von Posen liegt aber zuerst noch der beachtenswerte Nationalpark **Wielkopolski Park Narodowy**. Mögliche Stationen für das Wohnmobil sind der Campingplatz **Nad Lipnem** in Stęszew mit einem Parkplatz davor, ein Parkplatz im Norden des Parks an einem Badeplatz in Chomęcickie und ein Parkplatz mitten im Nationalpark am ökologischen Zentrum der Nationalparkverwaltung. Dieses Zentrum ist nur 500 Meter vom Jezioro Góreckie entfernt, welcher mit seinen zwei Inseln als schönster See des Nationalparks gilt. Die Straße hat eine Höhenbegrenzung von 2,80 Metern, die betreffende Unterführung ist aber mindestens 3,20 Meter hoch.

Über Mosina erreichen wir auf der 431 das **Schloss Rogalin**, das noch im Wielkopolski-Nationalpark liegt (www.rogalin.mnp.art.pl). Der Parkplatz befindet sich nahe vor dem Schlosspark. Als »niederes Fußvolk« in nicht vergoldeten Kutschen gehen wir durch das kleine Tor neben dem reich verzierten, hochherrschaftlichen Einfahrtstor in den inneren Schlosspark.

Die Residenz in Rogalin wurde im 18. Jahrhundert von Kazimierz Raczyński, Hofmar-

schall des Königs, errichtet. Der spätbarocke Bau trägt auch klassizistische Elemente. Mit dem Schloss entstand die spätbarocke Parkanlage. Hinter dem Palast befindet sich ein französischer Garten mit Aussichtshügel. Im 19. Jahrhundert erweiterte der Enkel und Kunstsammler Edward Raczyński die Parkanlage um einen Landschaftspark, der sich mit riesigen Eichen bis über die Warta ausdehnt. In einem Galeriegebäude häufte der Kunstkenner eine Sammlung moderner europäischer und polnischer Gemälde an. Die heute zugängliche Galerie beherbergt als Teil des Nationalmuseums Posen 250 Werke. Eine Kutschensammlung ist in der Remise zu besichtigen. Im östlichen Teil des Landschaftsparks steht ein Mausoleum in Form eines antiken römischen Tempels.

Auf der 431 und 434 fahren wir nun nach Osten und erreichen ein ganz anders geartetes Schloss. Das **Schloss Kórnik** ist eine neogotische Anlage nach den Entwürfen Karl Friedrich Schinkels, im 19. Jahrhundert erbaut. Auf der anderen Seite des Sees, weiter oben im Norden, liegt der Campingplatz **Plaża Na Błoniach** mit eigenem Strand.

Die historischen Anfänge der Burg reichen bis in das 14. Jahrhundert zurück. Seit dem 15. Jahrhundert residierten in Kórnik verschiedene Adelsfamilien, die eine bedeutende Bibliothek anlegten. Im Schloss befindet sich auch ein Museum der Dendrologie. Das Fürstenhaus ist von einem über 40 Hektar großen Arboretum umgeben, das über 3000 Baum-

Der Strand am Jezioro Chomęcickie

Vor dem reich verzierten Tor des Schlosses Rogalin

Im Schlosspark um Schloss Kórnik dehnt sich ein riesiges Arboretum aus.

und Straucharten enthält. Der große Park ist einen Spaziergang wert. Heute residiert in Kórnik das Institut für Dendrologie der Polnischen Akademie der Wissenschaften (www.kornik.pl, www.bkpan.poznan.pl/muzeum).

STADT DER KÖNIGE UND KAISER

Auf der nach Norden führenden schnellen S11 und der 433 erreichen wir das wunderschöne **Poznań** (Posen) an der Warta, Hauptstadt der Woiwodschaft Wielkopolskie (Großpolen). Mit einer schnellen Besichtigung ist nichts erreicht, daher empfehlen wir in erster Linie den schönen Campingplatz **Camping Hotel Malta** am Maltasee im Osten der Stadt oder einen der beiden weiter unten aufgeführten Campingplätze für einen Aufenthalt. Einen Stadtplan gibt es an der Rezeption des Campingplatzes.

In die vier Kilometer entfernte historische Altstadt kommen die Gäste zu Fuß oder mit dem Fahrrad am erholsamen Maltasee ent-

Auf dem Alten Markt pulsiert das junge Studentenleben.

Geheiratet wird auch am Stary Rynek.

lang. Von der ulica Warszawska fährt auch eine Trambahn in die Nähe der Altstadt, doch auch auf diese Weise verbleiben noch etwa zwei Kilometer Fußmarsch. Hinter dem Campingplatz fährt die Schmalspur-Dampfeisenbahn vom neuen Zoo bis zum westlichen Ende des Sees vor der Warta und der Altstadt.

Am Ende des Sees bleiben wir nach Süden noch am Wasser, dann gehen wir geradeaus und laufen erst mit der ulica Kórnicka nach rechts über die Warta. In der Altstadt herrscht vor allen Dingen abends munteres Leben und das Publikum ist jung. Posen ist Universitätsstadt, Messestadt und ein Zentrum von Industrie, Forschung und Kultur.

Mittelpunkt der historischen Stadt ist der quadratische **Stary Rynek** (Alter Markt). In der Mitte befindet sich das schöne **Renaissance-Rathaus** aus dem 16. Jahrhundert mit prächtigen Loggien. Am Turm bewegt sich täglich das berühmte Figurenspiel der Posener Böcke, die ihre Stärke messen und mit den Hörnern aufeinanderknallen. Im **Rathaus** residiert auch die Tourist-Info. Die Broschüre »Route der Könige und Kaiser« zeigt auf einem touristischen Kurs alle wichtigen Gebäude aus glorreichen Zeiten.

Auf dem von schönen **Bürgerhäusern mit Arkadengängen** umgebenen Alten Markt sind auch das **Historische Museum**, das **Museum für Musikinstrumente** und weitere Aus-

KULTUR

POSEN IM RAD DER GESCHICHTE

Obwohl erste Siedlungsspuren 12 000 Jahre alt sein sollen, wird Posen im Jahr 968 das erste Mal als Bischofssitz und starke Festung auf der Dominsel schriftlich erwähnt. Im 16. Jahrhundert hatte Posen bereits 30 000 Einwohner und war eine blühende Handelsmetropole. Im 18. Jahrhundert wurde die Stadt preußisch. Der Versailler Vertrag gliederte zu Beginn des 20. Jahrhunderts Posen und weite Teile der preußischen Provinz Posen dem polnischen Staat an. Ab 1939 terrorisierte die deutsche Wehrmacht die Bevölkerung. Etwa 20 000 Menschen wurden ermordet. Nach 1945 musste die gesamte deutschsprachige Bevölkerung Posen verlassen. Es begann der Wiederaufbau der total zerstörten Stadt bis zu dem heutigen herrlichen Bild des Alten Marktes.

Międzyrzecz
Historische Stadt und Burg
Wielkopolski Nationalpark
Schloss Rogalin
Schloss Kórnik

E65
24
306
191 km S11

Poznań
Sehenswerte historische Stadt
Ethnografisches Freilichtmuseum

Ein Boot bringt die Besucher auf die Insel mit den archäologischen Ausgrabungen.

stellungen zu finden. In den Seitengassen der Altstadt stehen weitere beachtenswerte Bürgerhäuser, auch sie oft mit Arkadengängen, aus verschiedenen Epochen. An der südöstlichen Ecke des Platzes weist die ulica Świętosławska den Weg vorbei am Jesuitenkolleg zur rot gehaltenen, barocken **Kirche Maria Magdalena**. Westlich des Alten Marktes stehen in der ulica Franciszkańska die etwas schlichtere, barocke **Franziskanerkirche** und das **Fürstenschloss**, das bis auf das 13. Jahrhundert zurückgeht.

Auf dem Rückweg gehen wir auf der ulica Estkowskiego über die Warta und sind dann auf der Dominsel. Die einst in Backsteingotik erstellte **St.-Peter-und-Paul-Kathedrale** wur-

KULTUR

DIE ERSTEN PIASTEN

Die Piasten, nach ihrem Stammvater Piast genannt, waren eine Herrscherdynastie, die zwischen dem 10. und 17. Jahrhundert zahlreiche Herzöge und Könige in Polen stellte. Auf der Insel Ostrów Lednicki befand sich eine der wichtigsten Burgen der frühen polnischen Piasten. Eine alte Handelsstraße von Magdeburg nach Kiew führte zwischen Posen und Gnesen direkt am See entlang. Unter Wasser sind Überreste zweier Brücken der damaligen Straße erhalten geblieben.

Bei umfangreichen Ausgrabungen wurde im Norden der Insel ein slawischer Burgwall freigelegt. Dendrologische Jahresringuntersuchungen ergaben eine Zeitspanne zwischen 963 und 964 für die verwendeten Hölzer.
Die Burg spielte vom 10. bis 12. Jahrhundert eine wichtige Rolle für die polnischen Herzöge und Könige.
Info: Muzeum Pierwszych Piastów na Lednicy, Dziekanowice 32, 62-261 Lednogóra, Tel. +48 61 4275010, www.lednicamuzeum.pl

de in Richtung Barock verändert. Die **Marienkirche** wird von einem gotischen Sterngewölbe getragen.

Erwähnenswert ist die Besonderheit, dass Posen zwei Zoos besitzt. Der Neue Zoo liegt in der ulica Krańcowa 81, zu Fuß vom Campingplatz in einem Kilometer nach Osten zu erreichen, der Alte Zoo ist in der ulica Zwierzyniecka 19, sieben Kilometer vom Campingplatz entfernt im Westen der Stadt.

Im Museum stehen Gebäude aus dem 17. bis 20. Jahrhundert.

FREILICHTMUSEUM UND WICHTIGE KATHEDRALE

Auf der E 261 fahren wir nach Osten in Richtung Gniezno. Auf der Strecke liegt das **Ethnografische Museum Wielkopolski**. Der Museumskomplex besteht hier am Jezioro Lednica aus zwei getrennten Abteilungen. Der **Ethnografische Park in Dziekanowice** zeigt die Rekonstruktion eines Großpolnischen Dorfes aus dem 17. bis 20. Jahrhundert. **Ostrów Lednicki** ist eine mit der Fähre erreichbare Insel mit Relikten von Steinbauten aus dem 10. bis 11. Jahrhundert (Parkplatz: N 52°31'41.5" E 17°23'07.7"; kurz vorher ist ein schöner Strand). Das hierzu gehörige Museum der ersten Piasten befindet sich zuvor an der Straße an dem großen Gutshof.

Die E 261 bringt uns weiter in Richtung Osten nach **Gniezno** (Gnesen) am Jezioro Jelonek mit einem Parkplatz in der Stadtmitte. Auf der ulica Słomianka kommen wir zu Fuß in nordöstlicher Richtung zum großen Marktplatz. Von ihm führt die ulica Tumska zur doppeltürmigen **Kathedrale Mariä Himmelfahrt** und **St. Adalbert** hinunter. Sie gilt als eines der bedeutendsten Kirchengebäude Polens. Im Südportal ist die berühmte gegossene, zweiflügelige Bronzetür von Gniezno zu finden, die aus dem 13. Jahrhundert stammt.

Poznań
Sehenswerte historische Stadt
Ethnografisches Freilichtmuseum

51 km E261

Gniezno
Historische Stadt
Saurierland
Archäologisches Museum Biskupin
Eisenbahnmuseum

51 km E261

Źnin
Schmalspureisenbahn

Ziel

Die Kathedrale Mariä Himmelfahrt und St. Adalbert ist ein bedeutendes Gebäude.

Furchterregende Kreaturen im Saurierpark

Gniezno ist eine der ältesten Städte Polens. Erste menschliche Ansiedlungen gab es im Bereich der heutigen Stadt bereits in der Steinzeit, eine Burg ist seit dem 8. Jahrhundert nachweisbar. Hier war auch das politische Zentrum der Herrscherdynastie der Piasten, deshalb verbinden die Polen mit dieser Stadt die Anfänge ihres Staates. Gniezno war lange Zeit auch das kulturelle Zentrum Polens. Im Jahr 1239 erhielt Gniezno die Stadtrechte und bis 1320 war es Krönungsort der polnischen Könige. Nach dem Wiener Kon-

Das rekonstruierte, prähistorische Langhaus bot einer ganzen Sippe Platz.

Alte Schienenfahrzeuge im Eisenbahnmuseum Wenecja

gress 1815 gehörte Gnesen zur preußischen Provinz Posen. Durch den Versailler Vertrag kam die Stadt 1920 zur Republik Polen.

SAURIER, ARCHÄOLOGIE UND SCHMALSPUREISENBAHN

Die E 261 knickt in Gniezno nach Norden ab und lenkt in die **Woiwodschaft kujawsko-pomorskie** (Kujawien-Pommern). Die Weichsel, Seengebiete und ausgedehnte Wälder prägen den Landstrich. Der mäandernde Fluss Brda (Brahe) zählt zu den beliebtesten Strecken für Kajak- und Bootsfahrer. Am Weg, nahe Rogowo, liegt **Zaurolandia**, ein erlebnisreicher Saurierpark, der nicht nur für Kinder interessant ist, denn es gibt dort auch ein Museum mit Fossilien (Park Dinozaurów, ul. Kolejowa 99, 88-420 Rogowo, www.zaurolandia.pl).

In einer Schleife östlich von der E 261 abweichend finden wir das Dorf **Biskupin** mit seinem archäologischen Museum. Das prähistorische Dorf wird auf die Zeit zwischen 700 bis 400 v. Chr. datiert, das ist die Spätbronze- und Eisenzeit. In Rekonstruktionen sind viele Gebäude des befestigten Dorfes wiederaufgebaut (Muzeum Archeologiczne, 88-410 Biskupin, www.biskupin.pl).

Am Museum Biskupin ist eine Haltestelle der **Schmalspurbahn von Żnin**. Die Museumsbahn verbindet Żnin über das Eisenbahnmuseum Wenecja mit Biskupin – ein guter Grund, in der Region auf dem Campingplatz in Żnin Station zu machen, zumal es eine Reihe schöner Seen in der Gegend gibt. Das wäre ein erholsamer und erlebnisreicher Abschluss unserer ersten Route.

Das Museum der Schmalspurbahn ist am Jezioro Weneckie zu finden. Gezeigt werden Fahrzeuge, die als Holz- und Materialbahn auf der 600-mm-Spur verkehrten (Muzeum Kolejki Wąskotorowej Wenecja, 88-400 Żnin, www.muzeumznin.pl).

In **Żnin** liegt am Jezioro Małe Żnińskie der gute **Camping Palucki** in einer Ferienanlage.

Der Platz ist ruhig, hat einen eigenen Badestrand und der Weg zum Bahnhof der Schmalspurbahn Żnin nur einen Kilometer weit. (Bahnhof Schmalspurbahn, Żnińska Kolej Powiatowa, Potockiego 4, 88-400 Żnin, www.muzeum-znin.pl).

PRAKTISCHE HINWEISE

TOURIST-INFORMATIONEN

Deutsch-Polnische Tourist-Information
Große Oderstr. 29, D-15230 Frankfurt (Oder), Tel. +49 335 6100800, www.tourismus-ffo.de

Tourist-Information Kostrzyn
Ulica Asfaltowa 2 D/1, 66-470 Kostrzyn nad Odrą, Tel. +49 33479 547845, www.tourist-info-kostrzyn.de

Tourist-Information Gorzów Wielkopolski
Ulica Sikorskiego 3–4, 66-400 Gorzów Wielkopolski, Tel. +48 95 7355500, www.gorzow.pl

Tourist-Information Poznań
Ulica Ratajczaka 44, 61-728 Poznań, Tel. +48 61 8519645, +48 61 19431, www.poznan.travel

CAMPING- UND STELLPLÄTZE

Camping Victorio-Camp
Ulica Konwaliowa 1, 69-220 Ośno Lubuskie, Tel. +48 607 106500, www.victorio-camp.pl
GPS-Daten: N 52°27′42.1″ E 14°52′12.4″
Kleiner, einfacher Campingplatz an der Ostseite des Sees Reczynek mit Spielplatz und eigenem Strand. Bootsverleih, Freibad und Restaurant sind benachbart. Ein Kilometer zu Fuß in die Altstadt mit Einkaufsmöglichkeiten und weiteren Restaurants.

Stellplatz Fish Camp Łowisko
Ulica Wolności 40, 66-436 Ownice, Tel. +48 501 315564, www.ownice.agrowakacje.pl
GPS-Daten: N 52°32′07.0″ E 14°53′30.8″
Ruhiger Platz an einigen Fischweihern in dörflicher Gegend mit allen Einrichtungen.

Am Spielplatz des Campingplatzes vor Ośno Lubuskie

Am eigenen Strand des Campingplatzes Leśna

Der Stellplatz liegt am Ostrand des Dorfes Ownice, das sich acht Kilometer östlich von Słońsk, einem Zugangspunkt in den Naturpark der Warta-Mündung, befindet. Einkaufsmöglichkeit ein Kilometer entfernt im Dorf.

Camping Leśna
Ulica Leśna 1, 69-210 Lubniewice,
Tel. +48 601 718 434,
www.camping.lubniewice.com.pl
GPS-Daten: N 52°31'04.8" E 15°14'15.8"
Schöner, idyllischer Platz direkt am nördlichen Ufer des Jezioro Lubiąż inmitten einer verstreuten Ferienhüttensiedlung im Wald. Eigener Strand, Restaurant und Bootsverleih. Ein Kilometer westlich von Lubniewice mit Einkaufsmöglichkeiten und weiteren Restaurants.

Camping U Michała
Ulica Zamkowa 5, 66-220 Łagów,
Tel. +48 68 341 25 25
GPS-Daten: N 52°20'00.0" E 15°17'39.9"
Der Platz liegt im Osten des Ortes romantisch direkt am See. Eigener Badesteg und Strand. Restaurants, Geschäfte und Bootsverleih nahe im Ort. 200 Meter zur Burg.

Stellplatz Wysoka
Ulica Wysoka 35, 66-300 Międzyrzecz,
Tel. +48 95 783 08 65,
www.nocleginadjeziorem.rikos.pl
GPS-Daten: N 52°22'20.5" E 15°27'10.8"
Familiärer Platz auf einer Wiese mit teilweise Schatten in einem einsamen Dorf auf einer Landzunge im Jezioro Paklicko. Badeplatz und Bootsverleih. 20 Kilometer südwestlich vor Międzyrzecz. Vier Kilometer westlich der Bunkeranlage in Pniewo.

Camping Nad Lipnem
Ulica Chrobrego 81, 62-060 Stęszew,
Tel. +48 690 090 070,
www.nad-lipnem.manifo.com
GPS-Daten: N 52°17'01.0" E 16°43'26.2"
Der weitläufige Platz befindet sich im westlichen Randbereich des Nationalparks in einem Kiefernwäldchen, acht Kilometer von Nationalparkverwaltung und Museum entfernt. Etwa 1,5 Kilometer zu Einkaufsmöglichkeiten und Restaurants.

Camping Plaża Na Błoniach
Ulica Leśna 6, 62-035 Kórnik,
Tel. +48 502 288468,
www.statekkornik.com.pl
GPS-Daten: N 52°14'58.6" E 17°04'34.6"
Der Platz liegt direkt am Jezioro Kórnickie gegenüber dem Schloss Kórnik. Eigener Strand, Sportanlagen, Restaurant nebenan. Zwei Kilometer um das nördliche Ende des Sees zum Schloss Kórnik. Etwa 800 Meter bis zu einem Supermarkt und weiteren Restaurants.

Camping Hotel Malta
Ulica Krańcowa 98, 61-036 Poznań,
Tel. +48 61 8766203,
www.campingmalta.poznan.pl
GPS-Daten: N 52°24'12" E 16°59'02"
Schöner und ruhiger, parzellierter Platz im Osten der Stadt mit guten Einrichtungen direkt am Maltasee. Restaurant am Platz und 200 Meter zum empfehlenswerten Restaurant »Taj India«. Vier Kilometer Gehweg und Radweg am See in die historische Altstadt.

Camping Strzeszynek
Ulica Koszalińska 15, 60-480 Poznań,
Tel. +48 61 8483129
GPS-Daten: N 52°27'54.0" E 16°49'40.6"
Einfacher Platz in einem Kiefernwald im Nordwesten von Posen in einsamer Lage in der Nähe des Jezioro Strzeszyńskie mit Strand, Bootsverleih und Restaurant. Zehn Kilometer in die historische Altstadt.

Camping Wigwam
Ulica Jankowo 23, 62-007 Biskupice,
Tel. +48 500 897581, www.wigwam.agro.pl
GPS-Daten: N 52°26'59.3" E 17°09'50.6"
Einfacher Platz auf einer Wiese in einsamer Landschaft im Süden der Ortschaft Biskupice, 21 Kilometer nordöstlich von Posen.

Camping Palucki
Ulica Szkolna 16, 88-400 Żnin,

Der Campingplatz in Łagów liegt erholsam am Jezioro Łagowskie

Tel. +48 52 3020113
GPS-Daten: N 52°50′29.0″ E 17°43′29.9″
Ruhiger Platz in einer Ferienanlage mit Badestrand am See im Süden von Żnin. Restaurant nebenan. Geschäfte und weitere Restaurants in 700 Metern Entfernung, der Bahnhof der Schmalspurbahn ist einen Kilometer entfernt.

Der Camping Nad Lipnem liegt in einem Kiefernwald

Blick vom Aussichtsturm über die Warta-Mündung

2 WILDE WEICHSEL UND WELTKULTURERBE-STÄDTE

Von Żnin bis Warschau

Der Brodnica-Landschaftspark wartet mit einer Seenplatte für Ruhe suchende Urlauber auf. UNESCO-Weltkulturerbe ist die mittelalterliche Stadt Toruń mit ihrem schiefen Turm. Im Urstromtal der Wisła (Weichsel) begleitet der Fluss durch den vielfältigen Kampinoski-Nationalpark im Warschauer Tiefland. Bei Wyszogród gibt es sogar ein Gebiet mit Binnendünen und Dünensteilufer am Fluss. Warschau gleicht dem mythischen Vogel Phönix, der aus der Asche stieg: Nach der Zerstörung im Zweiten Weltkrieg in vorbildlicher Weise restauriert, ist die UNESCO-Weltkulturerbe-Stadt Anlaufpunkt für Touristen aus aller Welt.

Auf dem Stary Rynek in Bydgoszcz

»Polens Venedig«, **Bydgoszcz** (Bromberg) an der Wisła, erreichen wir von Żnin auf der E 261 und 223 in Richtung Nordosten. Etwa 800 Meter vor dem Marktplatz findet das Wohnmobil vielleicht Platz auf dem freien Parkplatz an der ulica Kujawska.

Den Stary Rynek (Alter Marktplatz) erreichen wir vom Parkplatz zu Fuß in Richtung Norden. Am großen Kreisverkehr biegen wir halb links in die ulica Długa und laufen rechts in die ulica Jana Kazimierza. Der riesige **Stary Rynek** rechtfertigt sich als großer Handelsplatz früherer Jahrhunderte. Die heute 360 000-Einwohner-Stadt war schon im 16. Jahrhundert eine der größten Städte Polens.

Vom Marktplatz führt die ulica Farna zur spätgotischen **Kathedrale St. Martini** und **Nikolai** aus dem 15. Jahrhundert, die in starken und sehr ungewöhnlichen Farben ausgemalt ist. Durch die ulica Przyrzecze kommen wir nach Süden an die Ufer der Brda (Brahe). Mit den folgenden Häusern, Speichern und Brücken an der **Mühleninsel** ist »Polens Venedig« gemeint, wenn auch in keiner Weise vergleichbar. Zurück an der Brda nach Osten erreichen wir die ulica Mostowa, die auf einer Brücke die Brda quert. Von der Brücke ergibt sich ein schöner Blick auf restaurierte **Speicherhäuser** und Restaurants am Ufer. Durch die ulica Podwale zurück nach Süden führt der Weg noch an der **Markthalle** mit dahinter

liegendem offenem Markt vorbei – eine gute Einkaufsmöglichkeit.

HISTORISCHE STÄDTE DER BACKSTEINGOTIK

Die 551 und 550 begleiten in Abstand die Weichsel durch die hier eher flache Landschaft. Noch vor Chełmno liegt an einem kleinen See der **Camping Jezioro Starogrodzkie** mit eigenem Strand.

Chełmno (Kulm) liegt dominant auf einem Berg, der schon seit dem 7. Jahrhundert besiedelt ist. Bereits auf der ansteigenden ulica Kamionka kann geparkt werden. In der

ROUTE 2

START- UND ENDPUNKT
Żnin und Warszawa

STRECKENLÄNGE
610 km

FAHRZEIT
4 bis 5 Tage

BESTE JAHRESZEIT
Juni bis September

Eine originelle Unterbringung der Tourist-Info in der ulica Długa

Das Rathaus ist eine Perle auf dem großen Marktplatz.

für Fahrzeuge über 3,5 Tonnen gesperrten Altstadt gibt es Parkraum für kompakte Wohnmobile. Ein Parkplatz für eine ruhige Pause an der Weichsel findet sich an der alten Fähre über die Weichsel.

Als Stadt wurde Kulm im 13. Jahrhundert von dem Deutschen Orden gegründet. Das **Renaissance-Rathaus** aus dem 16. Jahrhundert am Rynek ist ein echtes Schmuckstück. Darin befindet sich heute das Historische Museum

Blick von der Brücke über die Brda auf die Speicherhäuser

Die ehemalige Franziskanerkirche in Chełmno

(www.muzeumchelmno.pl). Nahezu die gesamte Stadt ist noch von der mittelalterlichen Wehrmauer umgeben. Westlich vom Marktplatz nimmt die ehemalige **Franziskanerkirche** am Benediktinerkloster den Blick gefangen.

Gegenüber von Chełmno liegt, über die Brücke der 91 erreichbar, westlich der Weichsel die ruhige Kleinstadt **Świecie** (Schwetz). Interessant ist sie wegen des Deutschordensschlosses aus dem 14. Jahrhundert, aber auch wegen des guten Campingplatzes **Zamek**. Der nette Marktplatz von Świecie lädt zum Bummeln ein.

Grudziądz liegt an der Straße der Europäischen Backsteingotik und ist über die 55 erreichbar. Am besten parkt man das Wohnmobil an der Weichsel unterhalb der Stadt oder gleich auf dem modernen Wohnmobilstellplatz **Grudziądz** an der Marina. Vom Parkplatz an der Weichsel aus ist die gut erhaltene **Stadtmauer** mit den Speicherhäusern zu sehen, nach Norden geht der Blick bis hin zum runden Turm der alten Burg des Deutschen Ordens aus dem 13. Jahrhundert.

Gleich oberhalb vom Parkplatz lässt uns das großartige **Wassertor** in die Stadt. Die großen mittelalterlichen **Speicherhäuser** für den einstigen Getreide- und Tuchhandel der Stadt wurden zum Teil zu Wohnungen, Restaurants, Bars, Kulturstätten und Museen umfunktioniert. Der **Marktplatz** bildet natürlich den Mittelpunkt der Stadt. Die **Pfarrkirche Sankt Nikolaus** wurde ursprünglich im 13. und 14. Jahrhundert erbaut. Schön ist das Sternengewölbe im Innern. Zwei Kilometer nördlich der Stadt existiert eine preußische Festung aus dem 18. Jahrhundert, die als bedeutendes Beispiel für die europäische Festungsarchitektur jener Zeit gilt.

UNBEKANNTE SEENPLATTE UND WELTKULTURERBE-STADT

Eine herrliche Naturlandschaft ist die **Seenplatte von Brodnica** (Kulmländische Seenplatte; www.bpk.brodnica.net) mit ihren rund 100 klaren Seen inmitten einer Wald- und Hügellandschaft des Brodnica-Landschaftsparks. Dorthin kommen wir auf der 534 nach

Am Marktplatz in Grudziądz

Osten über Radzyń Chełmiński und auf der 543 über Jabłonowo Pomorskie. Über kleine Straßen geht es dann ab Łąkorz nach Süden durch das Seengebiet bis Brodnica.

Von den zahlreichen polnischen Seenplatten ist wohl keine so abgeschieden und fast unbekannt wie die von Brodnica. Gerade auch für Paddler sind die unzähligen Seen und Wasserstraßen in nahezu unberührter Natur ein Paradies. Einige abgelegene Campingplätze wie der **Camping Partęczyny** in Tereszewo oder der **Camping Stanica wodna** in Bachotek an einsamen Seen zeigen einen erst keimenden, sanften Tourismus auf.

Auf der 15 lenken wir nun nach Südwesten über Kowalewo Pomorskie nach **Toruń**. Die ehemalige Hansestadt liegt nicht nur an der Straße der Backsteingotik, die Altstadt wurde auch von der UNESCO zum Weltkulturerbe erklärt. Ein Parkplatz findet sich an der Garnisonskirche am plac Świętej Katarzyny. Es gibt aber auch den guten **Camping Tramp**

KULTUR

DER STÄDTEBUND DER HANSE

Mitte des 12. Jahrhunderts schlossen sich niederdeutsche Kaufleute zur Hanse zusammen. Im 14. Jahrhundert geschah der Übergang von der »Kaufmannshanse« zur »Städtehanse«. In den Zeiten ihrer größten Blüte waren 300 See- und Binnenstädte des nördlichen Europas in der Städtehanse zusammengeschlossen. Die Tuch- und Getreidehandelsstadt Thorn (Toruń) war eine davon, wie auch Stettin und Danzig. Eine wichtige Grundlage der Vereinigung der Hanse war die Entfaltung des Transportwesens, insbesondere zur See. Darum wurde die Kogge zum Symbol für die Hanse. Durch den Freihandel innerhalb der Hanse erreichten viele Hansestädte großen Reichtum. Die Gründe für den Niedergang der Hanse liegen in der Verlagerung der Ost-West-Handelswege der Nürnberger und Augsburger Kaufleute auf den Landweg. Im 16. Jahrhundert löste sich der Hansebund auf. Heute will die neu gegründete Neue Hanse als Kulturgemeinschaft der Städte über die Grenzen hinweg den Handel und den Tourismus fördern.

Die Garnisonskirche in Toruń, dahinter die Jakobskirche

auf der anderen Seite der Weichsel. **Camping Ciechocinek** liegt erst 25 Kilometer nach Toruń im Ort Ciechocinek an der Weichsel.

Vom Parkplatz an der Garnisonskirche laufen wir durch die ulica Świętej Katarzyny in südwestlicher Richtung zum Rynek Nowomiejski (Neustädter Markt), auf dem die evangelische Kirche der Heiligen Dreieinigkeit steht und am östlichen Eck die massige Jakobskirche. Aber wir wollen geradeaus auf der ulica Królowej Jadwigi und ulica Szeroka zum **Rynek Staromiejski** (Altstädter Markt), der von schönen Bürgerhäusern umgeben ist. Das Haus mit der schönsten Fassade ist das **»Haus unterm Stern«** an der Ostseite des Altstädter Marktes. In der Mitte des Platzes dominiert das große **Rathaus**, vor dem die Statue des Nikolaus Kopernikus steht.

Das **Haus des Kopernikus** ist in der ulica Mikołaja Kopernika 15/17, südlich des Marktplatzes zu finden. Das reich geschmückte, gotische Treppengiebelhaus wurde im 14. Jahrhundert erbaut. In der südlichen Parallelstraße, ulica Rabiańska 9, ist das **Lebkuchenmuseum**. Die Toruńer Lebkuchen waren immerhin schon im 14. Jahrhundert weltberühmt (www.muzeumpiernika.pl). Noch weiter im Süden verläuft vor der Weichsel die

KULTUR

TORUŃ IM WECHSEL DER GESCHICHTE

Thorn (Toruń) entstand im 13. Jahrhundert als Siedlung des Deutschen Ordens zum Zweck der Christianisierung der heidnischen Pruzzen. Ab dem 14. Jahrhundert gehörte Thorn dem reichen Hansebund an. Die Stadt fiel im 18. Jahrhundert dem Königreich Preußen zu. Durch den Frieden von Tilsit kam Thorn 1807 zum wiederhergestellten Polen. Der berühmteste Sohn der Stadt war der spätere Astronom Nikolaus Kopernikus, der in Thorn 1473 getauft wurde und wahrscheinlich im Kopernikus-Haus geboren wurde. Die Besonderheit des heutigen Toruń ist die fast vollständig erhaltene mittelalterliche Stadtbebauung mit vielen Gebäuden der norddeutschen Backsteingotik und der umgebenden Stadtmauer. Das Prädikat UNESCO-Weltkulturerbe ist sehr berechtigt.

Das »Haus unterm Stern« am Altstädter Markt hat die schönste Fassade.

alte Stadtmauer mit dem schönen **Klostertor**. Westlich davon steht der berühmte **Schiefe Turm** von Toruń, der sich um unglaubliche 1,46 Meter aus dem Lot neigt.

ENTLANG DER WEICHSEL

Auf dem Weg zur Hauptstadt Warschau gibt nun die wilde Weichsel die Richtung nach Südosten vor. Die E 76 begleitet den nicht kanalisierten Fluss aber meist in gebührendem Abstand bis **Włocławek**. Sehenswert in Włocławek (das ehemals deutsche Leslau) ist die Kathedrale.

Schon im 11. Jahrhundert gab es an der Stelle Włocławeks eine Siedlung an der Weichsel. Der **Maria-Himmelfahrt-Dom**, eine Kathedrale der Backsteingotik von 1340, besitzt die ältesten sakralen Glasfenster Polens. Bedeutende Skulpturen (z. B. von Veit Stoß) und Gemälde schmücken das Innere. An der südlichen Außenseite der Kirche befindet sich die berühmte Sonnenuhr, die von Nikolaus Kopernikus mitgestaltet wurde. Das lange Backsteingebäude auf ebendieser Seite ist das älteste Priesterseminar Polens, das im Jahr 1569 gegründet wurde. Die dazugehörige **Kirche St. Vitalis** ist mit dem Entstehungsjahr 1330 eine der ältesten Kirchen Polens. Der **Stary Rynek** (Alter Markt), nach Norden zum Ufer der Weichsel hin, ist mit hübschen Bürgerhäusern aus dem 18. Jahrhundert umgeben.

Die Alte Post neben der Heilig-Geist-Kirche am Altstädter Markt

Die Weidenalleen sind typisch für die Ebene Masowiens.

Die Straße entlang der Weichsel in östliche Richtung trägt nun die Nummer 62 und überquert noch weit vor Płock die Grenze zur **Województwo mazowieckie** (Masowien). In der Ebene um Warschau durchziehen die größte Woiwodschaft Polens die typischen Weidenalleen und Bachläufe. Es ist die romantisch-melancholische Landschaft Fryderyk Chopins. Verträumte Park- und Schlossanlagen werten die Landschaft auf.

Płock liegt am nördlichen Ufer der Weichsel und so fahren wir auf der langen Eisenfachwerkbrücke über den Fluss. Direkt am Ufer ist ein sehr großer und auch noch ruhiger Parkplatz unterhalb des Burghügels. Ein Stück weiter nach Westen gibt es sogar Strände an der Weichsel. Auf dem Burghügel befinden sich die **Kathedrale** und ein Benediktinerkloster. Nicht weit entfernt, in der ulica Tumska 8, ist das **Muzeum Mazowieckie** (Masowisches Museum) mit einer Jugendstilsammlung (www.muzeumplock.eu).

KAMPINOSKI-NATIONALPARK UND CHOPIN-MUSEUM

Wir bleiben auf der Nordseite der Weichsel und damit auch auf der 62 nach Osten, über-

KULTUR

CHOPINS ERSTE LEBENSHÄLFTE

Die bedeutendste Person der Musikgeschichte Polens wurde 1810 in Żelazowa Wola geboren. Chopins Vater war Franzose, seine Mutter Polin. Er wuchs in Warschau auf und bekam dort Musikunterricht. Chopins musikalisches Talent zeigte sich schon sehr früh. Er galt als Wunderkind und komponierte im Alter von sieben Jahren die ersten Polonaisen, mit acht Jahren spielte er auf ersten Konzerten. Chopin besuchte das Lyzeum in Warschau und studierte anschließend am Konservatorium. Eine Zeitung schrieb 1829 über ihn: »Herr Chopin, Pianist aus Warschau, führte sich als Meister ersten Ranges ein. Die ausgezeichnete Zartheit seines Anschlags, eine unbeschreibliche mechanische Fertigkeit, sein vollendetes, der tiefsten Empfindung abgelauschtes Nuancieren, Tragen und Schwellen der Töne, des Vortrags so seltene Klarheit und seine durch hohe Genialität gestempelten Erzeugnisse geben den selbstkräftigen Virtuosen zu erkennen, der als einer der leuchtendsten Meteore am musikalischen Horizont erscheint.«

Das gotische Häuschen im Arkadia-Landschaftspark

queren aber den Fluss wieder bei **Wyszogród**. Gleich am Beginn der Brücke ist rechts und links das **Dünensteilufer** der Binnendünen zu sehen. Auf der Südseite der Weichsel lenken wir auf der 575 im **Kampinoski Park Narodowy** (Kampinoski-Nationalpark, www.kampinoski-pn.gov.pl), ein UNESCO-Biosphärenreservat, nach Osten. Der Nationalpark schließt den **Kampinos-Urwald** ein, der einen Kontrast zur Dünenlandschaft mit Sandwiesen und sumpfigem Gelände bildet.

Nach dem Straßendorf Nowe Grochale wenden wir uns auf der 579 direkt nach Süden in den Nationalpark hinein. Ein Parkplatz mit dem Schild »Obiady Domowe« (»Hausgemachte Mittagessen«; N 52°18′26.2″ E 20°36′38.4″) lockt zu einer Rast. Am hinteren Ende des Parkplatzes beginnt an den Picknicktischen ein Biber-Wanderweg mit Hinweistafeln (ca. eine Stunde Wanderung an Wasserläufen durch die mit Kiefern bestandenen Binnendünen). Der kleine und einfache **Camping Tanne** in Kaliszki liegt zehn Kilometer östlich der 579 im Kampinoski-Nationalpark.

Bei dem Dorf **Kampinos** befindet sich das **Muzeum Puszczy Kampinoskiej** (Urwaldmuseum). Dieses ist erreichbar auf der 580 nach Westen. Von Kampinos aus führt auch ein 22 Kilometer langer Wander- und Radweg durch den Nationalpark. Insgesamt gibt es fast 400 Kilometer Wanderwege im Gebiet. Der **Camping Moto Przystań** liegt 14 Kilometer nordwestlich von Kampinos am westlichen Rand des Kampinoski-Nationalparks und ist damit auch in der Nähe der weiteren Orte auf unserer Strecke.

Musikfreunde fahren gerne auf der 580 weiter nach Westen in das Dorf **Żelazowa Wola**. Es ist der Ort, in dem der berühmte Komponist Fryderyk Chopin geboren wurde und wo heute ein besuchenswertes **Museum** sein Andenken ehrt (www.chopin.museum/pl). Auf dem angrenzenden großen Parkplatz lässt sich problemlos parken.

POLENS »ARKADIEN«

Unser nächstes Ziel ist Łowicz an der E 30 mit dem fantastischen Landschaftsgarten Arkadia. Also bleiben wir noch in Richtung Südwest und streifen unterwegs **Sochaczew**, wo das Museum **Kolei Wąskotorowej w Sochaczewie** die größte Sammlung von schmal-

Seerosen im Park Arkadia

spurigen Schienenfahrzeugen in Polen zeigt (ul. Towarowa 7, www.muzeumkolejnictwa.waw.pl).

In **Łowicz** besuchen wir zunächst die barock gestaltete Kathedrale mit Ursprung im 15. Jahrhundert. Parken können wir direkt an der Kirche oder nicht weit davon entfernt an einem stillen Platz in der ulica Starorzecze an den Ufern der Bzura. Ebenfalls interessant ist das Regionalmuseum, das unter anderem die bunten polnischen Volkstrachten zeigt, die zum Teil noch heute während der Fronleichnamsprozessionen zu bestaunen sind. Angeschlossen ist ein Freilichtmuseum, das Einblick gibt in früheres bäuerliches Leben (Muzeum w Łowiczu, Stary Rynek 5, www.muzeumlowicz.pl).

Das Dorf Arkadia liegt abseits der 70 in südöstlicher Richtung. Die Attraktion ist der romantische **Landschaftsgarten Arkadia**. Am Eingang ist auch gleich der Parkplatz.

Auf 15 Hektar Fläche wurde der Garten im Stil einer idealisierten Natur im 18. Jahrhundert als Sommersitz der Familie Radziwiłł angelegt. Wie die verklärte Landschaft Arkadien in Griechenland, so sollte auch dieser Park das Goldene Zeitalter repräsentieren, wo die Menschen unbelastet in einer idyllischen Natur als zufriedene und glückliche Hirten leben konnten.

Ein künstlicher See mit Inseln bildet den optischen Mittelpunkt der umgebenden Landschaft im englischen Stil. Die Wege leiten die Besucher zu einem klassizistischen Diana-Tempel, dessen Vorplatz einen Ausblick auf den See bietet. Eine Sphinx und ein Löwe flankieren die Treppe zum See. Es gibt auch ein gotisches Häuschen, die Grotte der Sibylle, aus großen Findlingen gestaltet, und einen römischen Aquädukt, der als künstliche Ruine gebaut wurde.

Eine sieben Kilometer lange Lindenallee verbindet Arkadia mit dem Park des Schlosses der Familie Radziwiłł in Nieborów. **Schloss Nieborów** mit seinem herrlichen Park ist eine barocke und klassizistische Schöpfung auf vorherigem gotischen Fürstensitz. Ein Nebengebäude war Sitz einer Majolika-Manufaktur und ist heute das Majolika-Museum (www.nieborow.art.pl). In Nieborów befinden sich außerdem der **Camping Ośrodek Stacja Nieborów** sowie ein kleines Auto- und Technikmuseum westlich des Schlosses (Nieborów 231a).

Am Schlossplatz in Warschau

WARSCHAU – PHÖNIX AUS DER ASCHE

Der beste Weg nach Warschau ist die Autobahn A 2, denn auf den verstopften Landstraßen um die Hauptstadt durch den endlosen »Siedlungsbrei« ausufernder Vororte ist schnelles Fortkommen nicht möglich. Zwar gibt es einen Parkplatz nahe der Altstadt unten an der Weichsel, aber an Ruhe ist da in der Nacht nicht zu denken und ein Tag für die Besichtigung Warschaus (auch ohne Museen) ist viel zu kurz. Es gibt viel zu entdecken. Daher empfehlen wir den Aufenthalt auf dem ruhigen **Campingplatz WOK** oder dem **Campingplatz Kaputy**. Sie sind zwar 14 Kilometer südlich bzw. 17 Kilometer westlich der Altstadt, aber mit Stadtbussen zum plac Zamkowy (Schlossplatz) können die Besucher gut und stressfrei unterwegs sein. Einen Stadtplan gibt es an der Rezeption der Campingplätze. **Camping Majawa** liegt weniger schön in der Stadt zwischen städtischer Bebauung und ist auch noch sechs Kilometer von der Altstadt entfernt.

Das beeindruckende Denkmal des Warschauer Aufstands

Eine erste befestigte Siedlung auf dem Gebiet des heutigen Warschaus gab es bereits im 9. Jahrhundert. Im 10. Jahrhundert wurde sie von den Piasten erobert. Heute leben im Großraum des Wirtschafts- und Handelszentrums Osteuropas 3,5 Millionen Menschen. Etwa 250 000 Studenten sind an den Hochschulen Warschaus immatrikuliert. Große kulturelle und touristische Bedeutung hat die wiederaufgebaute Warschauer Altstadt, die UNESCO-Weltkulturerbe ist.

Auch der wirtschaftliche Aufschwung konzentriert sich auf Warschau. Manche bezeichnen Warschau als größte Baustelle Europas. In den letzten Jahren sind viele Einkaufszentren und Hochhäuser errichtet worden und längst wird die Skyline der Stadt nicht mehr alleine vom 237 Meter hohen sozialistischen Kulturpalast aus dem Jahr 1955

SPECIAL

DER WARSCHAUER AUFSTAND

Es war die polnische Heimatarmee, die am 1. August 1944 den Aufstand gegen die deutschen Okkupanten eröffnete, an dem sich die ganze Stadt beteiligte. Die Meuterei hatte zunächst Erfolg und die deutschen Truppen mussten sich aus der Innenstadt zurückziehen. Aber die Aufständischen litten unter mangelndem Nachschub und die Erhebung wurde durch Einheiten der Waffen-SS niedergeschlagen. Die Heimatarmee musste am 2. Oktober 1944 kapitulieren. Etwa 200 000 polnische Soldaten und Zivilisten kamen ums Leben. Als Repressalie wurde die Mehrzahl der noch vorhandenen Gebäude von den deutschen Truppen planmäßig gesprengt. Die Stadt sollte auf ewig zerstört sein. Die überlebende Bevölkerung wurde in Konzentrationslager deportiert. Wer mehr über die Historie erfahren will, besucht das Museum des Warschauer Aufstands, das sich in der Nähe des Bahnhofs befindet.

Info: Muzeum Powstania Warszawskiego, ul. Grzybowska 79, 00-844 Warszawa, Tel. +48 22 5397905/06, www.1944.pl

bestimmt. Noch mindestens bis zum Jahr 2020 dauert der Bau des höchsten Gebäudes Europas: Der ovale Varso Tower in der Nähe des Bahnhofs soll 310 Meter hoch werden.

DIE ALTSTADT

Unsere Besichtigungstour beginnt am großen dreieckigen **Schlossplatz** mit der **Sigismundssäule** aus dem 17. Jahrhundert. An der Westseite zwischen der Säule und den Häusern der Altstadt sind die Reste der **Stadtmauer** aus dem 14. Jahrhundert und deren Verlauf deutlich zu sehen. An der Ostseite steht der riesige **Zamek Królewski** (Königspalast), der mit seinen weitläufigen Gemäldegalerien auch besichtigt werden kann. Das Schloss wurde 1944 von der Wehrmacht gesprengt, aber originalgetreu rekonstruiert (plac Zamkowy 4, www.zamek-krolewski.pl).

An der Südostecke des Königspalastes steht der spätbarocke Familiensitz **Pałac Pod Blachą** (Blechdach-Palast), so genannt wegen seines Daches. Aufmerksamkeit verdient auch die Gartenterrasse des Königsschlosses wegen der Aussicht über die Weichsel.

Blick auf den Schlossplatz, links die Stadtmauer, rechts der Königspalast

NINON
Kawy mrożone
Desery lodowe
Piwo zimne

WARSCHAUER IMPRESSIONEN

Bilder Seite 54
Links oben: Enge Gassen führen zur Aussichtsterrasse über der Weichsel.
Rechts oben: Blick in ein Café am Marktplatz
Unten: Typische Häuserfassaden am Marktplatz

Bilder Seite 55
Oben: Die Riesen-Seifenblase eines Gauklers verändert die Sichtweise am Marktplatz.
Mitte: In eine Pierogeria einzukehren ist immer ein guter Tipp.
Unten: Nicht alle Warschauer sind reich.

Auf dem Marktplatz pulsiert Leben aus aller Welt.

Die Fassade der Johanneskathedrale wurde rekonstruiert.

Vom nordwestlichen Eck des Königsschlosses führt die ulica Świętojańska direkt zum Stary Rynek (Alter Marktplatz), historischer Mittelpunkt der Altstadt. Dazwischen liegen die rekonstruierte gotische **Johanneskathedrale** und die weitgehend barocke **Jesuitenkirche**. Beide Kirchen waren von der deutschen Wehrmacht 1944 gesprengt worden.

Außerdem ist das rote, im Renaissancestil gehaltene »Haus zum Schiff« in der ulica Świętojańska eine Sehenswürdigkeit. Hinter den beiden Kirchen, zugänglich durch die kleine Gasse ulica Dziekania neben der Johanneskathedrale, ist der schöne plac Kanonia und durch die enge Gasse ulica Dawna ist eine Aussichtsterrasse über der Weichsel zu erreichen.

Kurz vor dem Marktplatz in der ulica Świętojańska verdeutlicht das Foto auf der Info-Tafel, links an der Ecke der ulica Zapiecek, das Ausmaß der totalen Zerstörung der Altstadt. Kaum zu glauben, in welcher Pracht der mittelalterliche **Marktplatz** wieder erstanden ist. Rund um die Skulptur der **Flussjungfrau Syrenka** und um die Brunnen pulsiert das Leben. Ein Platz zum Genießen.

Reiche Patrizierhäuser mit Sgraffitomalereien umgeben den Marktplatz. Besonders hervor tun sich die Fassaden der herrlichen Renaissancehäuser der Nordseite. Hier befindet sich auch das **Historische Museum der**

Stadt Warschau (rynek Starego Miasta 28–42, www.muzeumwarszawy.pl). Im Haus mit der Nummer 20 ist das Literaturmuseum untergebracht, eines der 60 Museen Warschaus. In Richtung Osten führt die ulica Kamienne Schodki romantisch zur Weichsel hinab.

Auf der ulica Nowomiejska verlassen wir den Marktplatz nach Norden und erreichen wieder die Stadtmauer mit der beeindruckenden **Barbakane-Bastion** aus dem 16. Jahrhundert. Nun in der Neustadt bleiben wir auf der ulica Nowomiejska geradeaus und biegen in die ulica Długa links ein. Nach 300 Metern steht auf der rechten Seite das äußerst beeindruckende **Denkmal des Warschauer Aufstands** vor dem Gebäude des Obersten Gerichts.

Etwa 1,5 Kilometer in westliche Richtung ist das **Denkmal der Helden des Ghettos** (Pomnik Bohaterów Getta) in der ulica Zamenhofa zu finden. Die Enthüllung des Ehrenmals erfolgte am 19. April 1948. Hier fand 1970 der berühmte Kniefall Willy Brandts statt. Der schwedische Stein der elf Meter hohen Stele war ursprünglich für ein deutsches Siegesdenkmal vorgesehen.

In der Neustadt vor der Barbakane-Bastion

KRAKAUER VORSTADT UND »NEUE WELT«

Die ulica Krakowskie Przedmieście (Krakauer Vorstadt) führt vom Königsschloss nach

SPECIAL

REVOLTE IM WARSCHAUER GHETTO

Nach der Besetzung Warschaus durch die deutsche Wehrmacht wurden ab November 1940 die Juden der Stadt und der Umgebung im Warschauer Ghetto eingesperrt. Am 18. April 1943 kam es zum Aufstand im Warschauer Ghetto. Die Auflehnung gegen die Deportationen in Todeslager wurde nach einigen Wochen jedoch endgültig und blutig niedergeschlagen und die meisten der überlebenden Juden aus dem Warschauer Ghetto wurden im Konzentrationslager Treblinka ermordet. Auf dem Platz hinter dem Denkmal zu Ehren des Aufstands im Warschauer Ghetto befindet sich das Museum der Geschichte der polnischen Juden (Muzeum Historii Żydów Polskich, www.polin.pl).

Warszawa
Historische Altstadt UNESCO Weltkulturerbe
Ziel

Straßenmusikanten verdienen sich ein paar Groschen.

Süden bis zur »Neuen Welt«. Das nördlichste Gebäude der **Krakauer Vorstadt** ist die **St.-Anna-Kirche** auf der linken Seite. Die **Aussichtsterrasse** auf dem Turm bietet einen schönen Blick auf den Schlossplatz und die Stadt. Vorbei an Palästen, die als Universitätsgebäude genutzt werden, steht vor der Seminarkirche inmitten der Straße das **Adam-Mickiewicz-Denkmal**, das den polnischen Nationaldichter der Romantik ehrt. Der **Namiestnikowski-Palast** entstand Mitte des 17. Jahrhunderts als Familiensitz. Seit 1994 ist er Präsidentenpalast, der offizielle Sitz des polnischen Präsidenten. Hier wurde 1955 der Warschauer Pakt unterzeichnet. Es folgt das altehrwürdige **Hotel Bristol**, Treffpunkt aller wichtigen Gäste Warschaus. Am **Kopernikus-Denkmal** vor dem Pałac Staszica endet die Krakauer Vorstadt.

Weiter führt die **ulica Nowy Świat** (Neue Welt) nach Süden über den Rondo de Gaulle mit der Palme in der Mitte bis zum Platz der Drei Kreuze. Die Neue Welt ist eine der bekanntesten Flanier- und Einkaufsmeilen Warschaus. Ein Abstecher bringt uns auf der ulica Tamka (Zweite Straße nach dem Kopernikus-

KULTUR

CHOPINS ZWEITE LEBENSHÄLFTE

1829 beendete Fryderyk Chopin sein Studium als anerkanntes musikalisches Genie. 1830 verließ er Polen zum ersten Mal, reiste nach Wien und von dort über Stuttgart nach Paris. Als Klavierlehrer und Konzertpianist hatte Chopin ab 1833 ein gutes Einkommen, welches ihm einen großzügigen Lebensstil erlaubte. Da er an Tuberkulose litt und sich von einem milderen Klima Besserung erhoffte, schloss er sich der Familie Sand an und reiste nach Mallorca. George Sand wurde seine Geliebte. Im Alter von 39 Jahren starb Chopin am 17. Oktober 1849 in seiner Wohnung in Paris. Er war der einflussreichste und populärste Komponist der Klaviermusik und setzte auch als Pianist Maßstäbe. Zwar schrieb er fast ausschließlich Klaviermusik, widmete aber dem Violoncello ebenfalls vier Werke.

Denkmal) links nach Osten zum **Fryderyk-Chopin-Museum** (ul. Okólnik 1, www.chopin.museum).

Auf der anderen Seite der ulica Nowy Świat stoßen wir nach einem Kilometer in Richtung Bahnhof am plac Defilad auf den **Kulturpalast**. Auch die Metrostation »Centrum« befindet sich dort. Der 237 Meter hohe Kulturpalast aus dem Jahr 1955 ist das Wahrzeichen Warschaus, aber auch Symbol für die 45-jährige Unterdrückung durch die Russen. Kino, Theater, Kongresssaal und Museen beherbergt er in seinem Innern. Die Turmuhr hat Zeiger von sechs Metern Länge. Der touristische Höhepunkt des Warschauer Kulturpalastes ist die Aussichtsplattform im 30. Stockwerk in 114 Metern Höhe.

DER KÖNIGSWEG

Der **Warschauer Königsweg** ist zu Beginn mit den Straßen Krakauer Vorstadt und Neue Welt identisch, leitet jedoch zehn Kilometer weiter bis zur Residenz Wilanów und ist damit eine der längsten Repräsentationsstraßen der Welt. Die Busse der Linie 116 und 180 fahren dorthin. Der Königsweg war eine der ersten Warschauer Straßen, die gepflastert wurden. Im Gegensatz zur engen Altstadt wurde dieser Teil der Stadt geräumig angelegt und

Der Kulturpalast ist Erbe der sozialistischen Zeit.

Das ausdrucksstarke Denkmal für Fryderyk Chopin

Der klassizistische Łazienki-Palast ist einer der schönsten Europas.

es überwiegen Paläste in großen Gärten und Parkanlagen.

Am plac Trzech Krzyży (Platz der Drei Kreuze) steht in der Mitte die Alexanderkirche. Nach Süden beginnt hier die Aleje Ujazdowskie. An dieser Allee liegen der **Ujazdowski-Park** und der 80 Hektar große **Łazienki-Park** mit dem **Łazienki-Palast**, dem **Chopin-Denkmal** im Jugendstil und dem **Pałac Belweder** (Belvedere). Der Park gehört zu den schönsten Parkanlagen Europas und umfasst auf hügeligem Land einige Palais, Seen, Kanäle und Kaskaden, Brücken, Orangerien, Pavillons, Skulpturen sowie ein antikes Theater auf einer Insel. Besonders das gegossene Denkmal Fryderyk Chopins besitzt große Ausdruckskraft und im Sommer gibt es hier sehr beliebte, kostenfreie Klavierkonzerte mit Werken Chopins.

Der wunderschöne **Łazienki-Palast** wurde im Stil des Klassizismus errichtet. Er gilt als eines der schönsten klassizistischen Schlösser in Europa. Der künstliche See um das Schloss wird durch zwei Arkadenbrücken mit dem Festland verbunden. Das Schloss war die Sommerresidenz des letzten polnischen Königs Stanisław II. August. Die Räumlichkeiten können besichtigt werden. Das »Weiße Haus« zwischen Ujazdowski-Allee und Łazienki-Palast war für die Geliebte des Königs bestimmt.

Zwölf Kilometer südlich des Schlossplatzes liegt der **Wilanów-Palast** aus dem 17. Jahrhundert in einem 43 Hektar großen, prächtigen Barockpark. Auch hierhin fahren die Buslinien 116 und 180; unweit des Schlosses, an der ulica Stanisława Kostki Potockiego, gibt es aber auch einen Parkplatz für das Wohnmobil. Der herrliche Palast, der auch das Palastmuseum Wilanów beherbergt (Palastmuseum Wilanów, ul. Stanisława Kostki Potockiego 10/16, www.wilanow-palac.pl), wird gern als »polnisches Versailles« bezeichnet und ist absolut sehenswert. Er markiert das südliche Ende des Warschauer Königsweges.

Auch der Palast Myślewicki steht im Łazienki-Park.

Im Łazienki-Park leben auch Pfaue.

PRAKTISCHE HINWEISE

TOURIST-INFORMATIONEN

Tourist-Information Bydgoszcz
Ulica Batorego 2, 85-104 Bydgoszcz,
Tel. +48 52 3404550, www.visitbydgoszcz.pl

Tourist-Information Chełmno
Ulica Rynek 28, 86-200 Chełmno,
Tel. +48 56 6862104, www.chelmno.info

Tourist-Information Grudziądz
Ulica Rynek 3–5, 86-300 Grudziądz,
Tel. +48 56 4612318, www.it.gdz.pl

Tourist-Information Toruń
Ulica Rynek Staromiejski 25, 87-100 Toruń,
Tel. +48 56 6210930, www.it.torun.pl

Tourist-Information Włocławek
Ulica Warszawska 11, 87-810 Włocławek,
Tel. +48 54 4112757,
www.staypoland.com/about_wloclawek.htm

Tourist-Information Płock
Stary Rynek 8, 09-400 Płock,
Tel. +48 24 3671944,
www.plock.eu/en/tourist_information.html

Tourist-Information Warszawa
Kulturpalast plac Defilad 1,
00-901 Warszawa, Tel. +48 22 6566486,
www.warsawtour.pl

CAMPING- UND STELLPLÄTZE

Camping Jezioro Starogrodzkie
Ulica Jastrzębskiego 5, 86-200 Chełmno,
Tel. +48 56 6790230, www.ecwm.chdk.pl
GPS-Daten: N 53°20'33.6" E 18°23'20.6"
Der Platz liegt einsam 2,5 Kilometer west-

Der gute Wohnmobilstellplatz an der Weichsel in Grudziądz

lich vor Chełmno an einem kleinen aufgestauten See nahe der Weichsel. Eigener Strand und Bootsverleih.

Camping Zamek
Ulica Zamkowa 10, 86-100 Świecie,
Tel. +48 52 3311726, www.camping-zamek.pl
GPS-Daten: N 53°24'14.6" E 18°27'25.8"
Guter Platz auf einer Wiese neben dem Deutschordensschloss zwischen der Weichsel und dem Ort. Ein Kilometer zum Marktplatz, zu Supermärkten und Restaurants.

Stellplatz Grudziądz
Ulica Portowa 8, 86-300 Grudziądz,
Tel. +48 72 6921919,
www.marina.grudziadz.pl
GPS-Daten: N 53°29'01.1" E 18°44'41.7"
Im Stadtbereich an der Marina. Modern parzelliert angelegt mit gutem Komfort. Blick auf die Stadt und auf die Weichsel. Ein Kilometer zum Marktplatz, zu Supermärkten und Restaurants.

Camping Partęczyny
Ulica Tereszewo 90 B, 13-314 Tereszewo,
Tel. +48 56 4740314,
www.osrodekparteczyny.pl
GPS-Daten: N 53°23'04.8" E 19°25'20.9"
Einsam gelegener Campingplatz am Jezioro Partęczyny mit eigenem Strand, Badeplattformen, Bootsverleih und Minimarkt.

Camping Stanica wodna
87-312 Bachotek, Tel. +48 56 4985919,
www.brodnica.pttk.pl
GPS-Daten: N 53°18'50.7" E 19°27'09.4"
Einsam gelegener Campingplatz am Nordende des Jezioro Bachotek mit eigenem Strand, Badeplattformen und Bootsverleih.

Camping Tramp
Ulica Kujawska 14, 87-100 Toruń,
Tel. +48 66 6359924, www.campingtramp.pl
GPS-Daten: N 53°00'05.8" E 18°36'46.8" (Zufahrt)
Südlich der Stadt auf der anderen Seite der Weichsel. Gelände mit lichtem Baumbestand 300 Meter von der Weichsel entfernt an großer Straßenkreuzung. Gute Ausstattung, Restaurant. Zwei Kilometer über die Brücke in die Altstadt mit Einkaufsmöglichkeiten und weiteren Restaurants.

Camping Ciechocinek
Ulica Kolejowa 4b, 87-720 Ciechocinek,
Tel. +48 54 2005610, www.ciechocinek.pl
GPS-Daten: N 52°52'49.83" E18°46'56.31"

Der einsam gelegene Campingplatz Partęczyny

(Zufahrt über den Großparkplatz)
Guter Platz auf Wiese am Sportplatz ein Kilometer westlich des Zentrums von Ciechocinek und 25 Kilometer südöstlich von Toruń. Einkaufsmöglichkeiten und Restaurants im Ortszentrum von Ciechocinek.

Camping Tanne
Ulica Akacjowa 92, 05-152 Kaliszki,
Tel. +48 22 7941754,
www.campingwarschau.de
GPS-Daten: N 52°22′28.2″ E 20°44′39.0″
Einfacher Platz auf einer Wiese in einem Hausgarten eines einsamen Flächendorfes, zehn Kilometer östlich der 579 im Kampinoski-Nationalpark und 28 Kilometer von Warschau entfernt.

Camping Moto Przystań
Plecewice 78, 05-088 Brochów,
Tel. +48 501 320404, www.motoprzystan.pl
GPS-Daten: N 52°17′12.7″ E 20°16′51.0″
Einfacher Platz 14 Kilometer nordwestlich von Kampinos am westlichen Rand des Kampinoski-Nationalparks. Wiese direkt an der Bzura, Grillplatz, Kajakverleih. Keine Einkaufsmöglichkeit und kein Restaurant.

Camping Ośrodek Stacja Nieborów
Nieborów 231a, 99-416 Nieborów,
Tel. +48 501 945960, www.stacjanieborow.pl
GPS-Daten: N 52°03′47.2″ E 20°03′54.6″
Elf Kilometer südöstlich von Łowicz mit nächstgelegenen Einkaufsmöglichkeiten. Ruhige Lage an einem Sportplatz und Restaurant. Ein Kilometer zum Schloss Nieborów, fünf Kilometer zum Landschaftsgarten Arkadia.

Camping WOK
Ulica Odrębna 16, 04-867 Warszawa,
Tel. +48 22 6127951,
www.campingwok.warszawa.pl
GPS-Daten: N 52°10′41.0″ E 21°08′49.7″

Auf dem Campingplatz WOK in Warschau

In eine Pierogeria einzukehren ist immer ein guter Tipp.

14 Kilometer südlich der Altstadt in ruhiger Lage in einem Kiefernwald. Gute Ausstattung und kleine Bar. Einkaufsmöglichkeit 900 Meter östlich am Kreisverkehr. Bei der Anfahrt vor dem Tor einfach hupen und es wird geöffnet.

Camping Kaputy
Ulica Sochaczewska 222, 05-850 Kaputy Warszawa, Tel. +48 601 088112, www.camping222.pl
GPS-Daten: N 52°13′49.8″ E 20°47′31.6″
Guter Platz vor einem Herrenhaus und Hotel, 17 Kilometer vor der Altstadt von Warschau. Einige Buslinien bedienen die Innenstadt.

Camping Majawa
Ulica Bitwy Warszawskiej 1920 r. 15/17, 02-366 Warszawa, Tel. +48 22 8229121, www.majawa.pl
GPS-Daten: N 52°12′53.2″ E 20°57′55.8″
Sechs Kilometer südwestlich der Altstadt von Warschau an stark befahrener Straße, aber durch Gebäude abgeschirmtes Wiesengelände. Gute Ausstattung. Zur Altstadt Trambahnlinie 26 und Buslinie 136.

Die alten Speicherhäuser bieten heute Wohnraum oder sind Unterkunft verschiedenster Einrichtungen.

3 IN DIE UNBERÜHRTEN WÄLDER DER NATIONALPARKS

Von Warschau in das östliche Masuren

Nun ist es die meist einsame Narew, in deren Tal die Reise nach Osten führt. In ihrem Quellgebiet liegt der Białowieża-Nationalpark an der Grenze zu Weißrussland. Der Nationalpark ist als der letzte Tiefland-Urwald Europas mit seinen freilaufenden Bisons UNESCO-Weltnaturerbe. Der Augustów-Kanal ist ein Denkmal der Wasserbaukunst, dessen Wasserweg heute als touristische Attraktion gilt. Der glazial geprägte Landschaftspark von Suwałki gehört zu den schönsten Landschaften Polens. Mitten im Wigierski-Nationalpark in den östlichen Masuren thront ein berühmtes Kloster über den Seen.

Die Stiftskirche in Pułtusk steht auf Europas längstem Marktplatz.

Warschau verlassen wir über Legionowo auf der 61 nach Norden, zuerst entlang der Weichsel an deren Ostufer und dann neben der Narew. 17 Kilometer vor Pułtusk liegt links der 61 in Trzepowo der Wohnmobilstellplatz **Żabi Raj** in einsamer Gegend am Jezioro Żabi Raj, der aber nur ein Weiher ist.

Pułtusk mit romantischen Stadtansichten an der Narew, die Stadt des bekannten Meteoritenschauers im Jahr 1868, ist eine der ältesten Städte der **Woiwodschaft Masowien**. Möglichkeit zu parken finden wir am ungewöhnlich langen Rynek. Der Marktplatz soll mit 400 Metern der längste Europas sein.

Am nördlichen Ende steht die eigentlich gotische **Stiftskirche** aus dem 15. Jahrhundert, die im 16. Jahrhundert im Renaissancestil modernisiert wurde. Die Kirche überrascht im Innern mit 16 Altären. In der Mitte des Marktplatzes steht das **Renaissance-Rathaus** mit dem Turm aus dem 16. Jahrhundert. Am südlichen Ende des Platzes findet sich die **Kapelle Maria Magdalena** vor dem ehemaligen Bischofsschloss, heute ein Schlosshotel mit gehobenem Restaurant. Bei Pułtusk schlug einst Napoleon 1806 die Truppen des Zaren, so war er denn auch in einem der über 200 Jahre alten Häuser am Marktplatz zu Gast.

Weiter nördlich auf der 61 ergibt sich bei dem Städtchen **Różan** die Möglichkeit, einen Abstecher nach Osten zum ehemaligen **KZ Treblinka** zu unternehmen. Bis dorthin sind es allerdings 55 Kilometer und es handelt sich ausschließlich um eine Gedächtnisstätte, denn alle Gebäude des ehemaligen Vernichtungslagers wurden von den abrückenden deutschen Truppen gesprengt und das Gelände wurde eingeebnet.

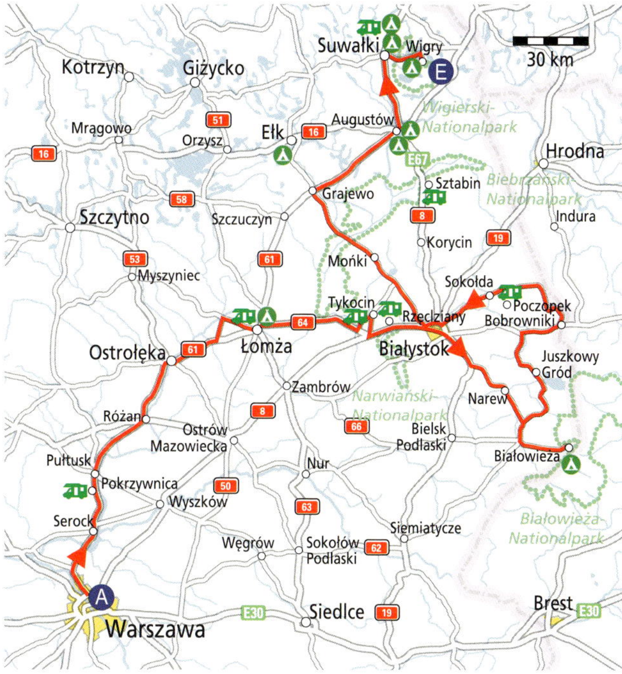

AN DER ROMANTISCHEN NAREW

Zwischen Różan und Łomża überqueren wir auf der 61 die Grenze zur **Województwo podlaskie** (Woiwodschaft Podlachien), die bis an

ROUTE 3

START- UND ENDPUNKT
Warszawa und Wigry

STRECKENLÄNGE
639 km

FAHRZEIT
5 bis 6 Tage

BESTE JAHRESZEIT
Juni bis September

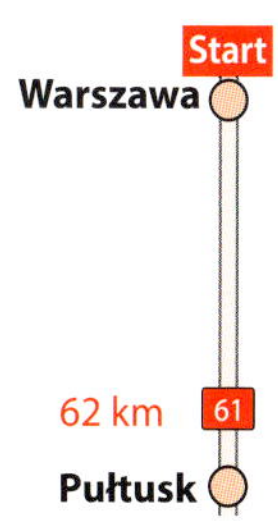

SPECIAL

VERNICHTUNGSLAGER TREBLINKA

Treblinka galt bei der SS als das perfekteste aller Vernichtungslager. Es gab einen Ankunftsbereich mit Gleis und Rampe und Entkleidungsbaracken für die Opfer. Die Gaskammern und Leichengruben waren ein isolierter Bereich mit einem schmalen Zugang zum Vernichtungsbereich, »Schlauch« genannt. Die Massentötungen begannen im Juli 1942 an Juden aus dem Warschauer Ghetto. Nach täglichen Transporten von bis zu 10 000 Menschen waren im August 1942 bereits 268 000 Juden ermordet worden.

Insgesamt wurden innerhalb nur eines Jahres über 900 000 Menschen vergast, daher gehen die Schätzungen von mindestens einer Million ermordeten Menschen aus. Vor der Liquidierung des Lagers wurde alles abgerissen, der Boden umgepflügt und zur Tarnung wurde darauf ein Bauernhaus errichtet. Die Gedenkstätte Treblinka mit angeschlossenem Museum erinnert an diese grauenvolle Geschichte.
Info: Muzeum Treblince, 08-330 Kosów Lacki, Tel. +48 25 7811658, www.treblinka-muzeum.eu

Morgenstimmung an der Narew in Nowogród

das russische Kaliningrad, Litauen und Weißrussland reicht. Podlachien ist die am wenigsten besiedelte Woiwodschaft Polens und gilt als der »wilde Osten« mit dem letzten Urwald Mitteleuropas. Der von der UNESCO zum Weltnaturerbe erklärte Białowieża-Nationalpark und das herrliche Seengebiet um Wigry liegen in diesem Gebiet um Białystok.

Noch vor Łomża biegen wir auf der 648 nach Norden ab, denn in **Nowogród** ist das Freilichtmuseum **Skansen Kurpiowski** mit 25 alten, meist hölzernen Gebäuden aus alten Zeiten (ul. Zamkowa 25, www.skansenkurpiowski.republika.pl). Ein stiller Pausenplatz findet sich unten am Ufer der Narew neben einem Bunker aus dem Zweiten Weltkrieg (N 53°13'33.6" E 21°51'51.5").

Polen ist das Land der Störche.

Weiter auf der 645 nach Osten erreichen wir **Łomża** an der Narew. Direkt am alten Marktplatz kann geparkt werden, oder mit mehr Platz in der ulica Giełczyńska. Aber Łomża hat auch einen richtigen Campingplatz mit Wohnmobilstellplatz, den **Port Łomża** am Hafen der Narew.

Die Stadt bietet sich für einen Einkaufsbummel an, denn am Marktplatz steht eine Markthalle aus dem Jahr 1928. Vom 15. bis zum 17. Jahrhundert war Łomża eine der größten Städte Masowiens. Auf dem großen Marktplatz wurde mit Getreide und Holz gehandelt. Das **klassizistische Rathaus** mit dem Uhrturm wurde 1823 erbaut. Die Fassaden der Arkadenhäuser geben ein hübsches Bild.

Weiter auf der 64 nach Osten in Richtung Białystok machen wir bei Zawady einen Abstecher nach Norden. In **Kiermusy** sind in einem Gehege **Wisente** zu sehen (Ostoja Żubra). Auch ist dort ein uriges Wirtshaus und 900 Meter zu Fuß weiter das Kasztel Muzeum oręża, ein **Burgmuseum** im Landschaftsschutzgebiet der Narew (Kiermusy Dworek nad Łąkami, Kiermusy 12, 16-080 Tykocin, www.kiermusy.com.pl).

Die schöne barocke Pfarrkirche in Tykocin

An der kleinen Straße nach Osten in Richtung Tykocin stellt der Agroturystyka-Betrieb **U Zosieńki** Stellplätze für Wohnmobile zur Verfügung. **Tykocin** ist eine charmante barocke Kleinstadt. Hier steht eine **Synagoge** aus dem Jahr 1642, die nach der Zerstörung im Krieg wiederaufgebaut wurde. Heute ist darin ein jüdisches Museum untergebracht (Muzeum Kultury Żydowskiej, ul. Kozia 2, www.muzeum.bialystok.pl). Sehr schön restauriert ist auch die barocke **Pfarrkirche Heilige Dreieinigkeit** an der Brücke über die Narew mit einem Parkplatz davor. Daneben findet sich das gute Restaurant Alumnat, ein ehemaliger Gutshof aus dem Jahr 1633.

Die Gegend um Tykocin ist bekannt für die große Anzahl brütender Störche.

POLNISCHES VERSAILLES

Wir bleiben weiter auf der kleinen Straße entlang der Narew nach Osten, die sich mit der E 67 vor Białystok vereinigt und der großen Stadt schnell zustrebt. Die 300 000 Einwohner zählende Industriestadt **Białystok** lockt nicht, wäre da nicht das **Branicki-Schloss** im

SPECIAL

POLEN UND DIE STÖRCHE

Weißstörche siedeln als Kulturfolger gerne bei uns Menschen in den Siedlungen auf den Dächern. Als sogenannte Langstreckenzieher legen sie jährlich zweimal bis zu 10 000 Kilometer von den Brutgebieten in die meist afrikanischen Überwinterungsgebiete zurück. Zur Zeit des Vogelflugs sind am Bosporus Zehntausende Störche auf den Feldern und im Überflug zu beobachten. Über 40 000 Brutpaare lassen sich allein in Polen nieder. Noch einmal so viele in den übrigen baltischen Ländern. Das liegt an dem Nahrungsangebot der naturbelassenen, meist feuchten Landschaften. Fische, Eidechsen, Frösche, Nagetiere und Großinsekten bilden die Hauptnahrung, wobei die Frösche entgegen dem landläufigen Glauben nur einen Bruchteil der Nahrung ausmachen. Die Brut dauert 25 bis 38 Tage und die Jungen sind nach 50 bis 100 Tagen rechtzeitig Mitte August flügge. Störche werden über 20 Jahre alt und leben in Treue monogam.

Pułtusk
Historische Kleinstadt
Freilichtmuseum Nowogród
100 km 61
Łomża
Historische Stadt
Narwiański-Nationalpark
Büffelgehege Kiermusy
54 km 64
Tykocin
Barocke Kleinstadt
30 km E67
Białystok

Das Branicki-Schloss in Białystok gilt als »polnisches Versailles«.

Stadtzentrum, das wegen der im Rokoko-Stil angelegten Gartenanlagen auch »polnisches Versailles« genannt wird. Ein Parkplatz ist direkt davor. Das Branicki-Schloss wurde als Familienresidenz des Stefan Mikołaj Branicki Anfang des 18. Jahrhunderts erbaut. Im Zweiten Weltkrieg zerstört wie die gesamte Stadt, wurde das Branicki-Schloss wiederaufgebaut. Hinter der vom Parkplatz aus zu sehenden neugotischen **Basilika** erstreckt sich der schöne Marktplatz der Stadt. Białystok war seit jeher ein Schmelztiegel verschiedener weißrussischer, litauischer und tatarisch-muslimischer Minderheiten. Die **Tatarischen Dörfer** liegen östlich von Białystok, nahe der Grenze zu Weißrussland. In den Dörfern gibt es noch hölzerne Kirchen und Moscheen und muslimische Friedhöfe. Der **Białowieża-Nationalpark** liegt ebenfalls weiter im Osten. Auf der 19 nach Zabłudów und dann auf der 685 gelangen wir

AUSFLUG

DER NARWIAŃSKI-NATIONALPARK

Für Naturfreunde bietet sich die Variante südlich der E 67 an, denn da liegt der Narwiański-Nationalpark, der als »polnischer Amazonas« gilt. Die Narew überzieht das Gebiet mit zahlreichen Nebenarmen und Altwassern. Über 70 Prozent der Fläche bedecken Sümpfe, in denen 200 Vogelarten leben. Im Park existiert eine vielfältige Pflanzenwelt. Sitz der Nationalparkverwaltung ist in Kurowo in einem alten Herrenhaus. Dort finden Ausstellungen statt und man kann von dem stillen Parkplatz vor dem Hof einen Lehrpfad begehen. Fast 200 Kilometer Fahrradwege durchziehen das Gebiet. Es erklärt sich von selbst, dass die Region ein idealer Tummelplatz für Kajakfahrer ist. Am Rand des Nationalparks liegt an einem Altwasserarm in Rzędziany ein Wohnmobilstellplatz auf einem Agroturystyka-Betrieb, ein Kilometer von der E 67 entfernt an der Green-Velo-Route (www.greenvelo.pl).

Info: Narwiański Park Narodowy, Kurowo 10, 18-204 Kobylin Borzymy, Tel. +48 85 7181417, www.npn.pl

AUSFLUG

NATIONALPARK BIAŁOWIEŻA

Im Gebiet des Białowieża-Nationalparks ging schon König Władysław Jagiełło 1409 zur Jagd. Das trug mit dazu bei, dass der Urwald bis heute erhalten blieb. Der Park umfasst ein geschlossenes Mischwaldgebiet mit einem riesigen Reichtum an Pflanzengesellschaften, die in ihrem natürlichen Zustand erhalten sind. Viele Baumarten erreichen Ausmaße, die kaum anderswo in Europa anzutreffen sind. Mehr als 10 000 Tierarten leben in dem 1250 Quadratkilometer großen Areal, darunter Wölfe und Wisente. Die freilebende Herde der Wisente besteht aus 250 Tieren. Touristische Basis ist Białowieża, das auch über Campingplätze verfügt. Es gibt Wanderwege, Radwege, eine Schmalspurbahn und ein Natur- und Waldmuseum. Der innere Bereich des Nationalparks darf nur im Rahmen einer Führung betreten werden (www.bialowieza-info.eu).

Białystok
„Polnisches Versailles"
Branicki-Schloss
19
83 km 685
Białowieża
Schmalspurbahn
Hajnówka
Białowieża-Nationalpark
Biebranzki Nationalpark nd die Tatarischen Dörfer
687
65
676
65
263 km 61
Augustów

über Hajnówka in den Nationalpark, der letzte Flachland-Urwald Europas, der auch in die Liste des UNESCO-Weltkulturerbes eingetragen ist.

Die touristische **Schmalspurbahn** ist schon in **Hajnówka** (Kolejka wąskotorowa Hajnówka-Topiło, Kolejki Leśne 18–20, www.powiat.hajnowka.pl). In Białowieża ist unter anderem der **Camping U Michała** und am **Wisent-Gehege** ein großer Parkplatz. Das Museum mit Aussichtsturm der Nationalparkverwaltung befindet sich im Schlosspark (Park Pałacowy 11, www.muzeum.bpn.com.pl).

In Białowieża fällt die Entscheidung für die Weiterfahrt durch das Gebiet der tatarischen Dörfer an der weißrussischen Grenze nach Masuren. Alternativ führt die Reise wieder zurück nach Białystok und dann nach Masuren. Wählt man die Strecke durch das Gebiet der Tataren, gilt es, 20 Kilometer Sandstraße und Fahrten durch Dörfer auf Kopfsteinpflaster zu bewältigen.

Im Wildparkgehege des Białowieża-Nationalparks

Die hölzernen Kirchen und Moscheen in den Tatarischen Dörfern spiegeln die russische Seele.

BEI DEN TATAREN

Abenteuerlustig geht es auf der 687 nach Norden. Ein schöner und ruhiger Rastplatz im Wald befindet sich vor dem Dorf **Stoczek** (N 52°49'29.6" E 23°44'02.9"). Ein Abzweig in **Bondary** bringt uns bei Bedarf zu einem Badeplatz (Plaża Bondary) am Siemianówka-Stausee, den die Narew durchfließt.

Ein Stück geht es auf der 686 nach Nordwesten nach Michałowo und dort rechts ab nach Gródek. Auf der E 65 fahren wir direkt nach Osten und unmittelbar am Grenzübergang zu Weißrussland an der Grenze entlang nach Norden in den »polnischen Orient«. Im kleinen Tatarendorf **Kruszyniany**, zehn Kilometer vor Krynki, betreibt das Gästehaus Dworek Pod Lipami auf der großen Wiese hinter dem Haus einen Campingplatz. 100 Meter weiter auf der Straße nach Süden können die Gäste im Restaurant Tatarska Jurta tatarisch speisen (www.kruszyniany.pl). Vom Dorf Kruszyniany gibt es Wanderwege von fünf bis 20 Kilometern Länge in Naturschutzgebiete (Vorschläge unter www.obiezylas.pl).

Auf der Fahrt auf der 676 von der weißrussischen Grenze nach Westen überrascht der neu angelegte Wohnmobilstellplatz **Par-**

KULTUR

DIE TURKSTÄMME

Die Bezeichnung »Tatar« wurde schon immer für Angehörige verschiedener muslimischer Turkvölker gebraucht. Auch die Mongolen wurden als Tataren benannt. Genau genommen ist damit aber ein Volk gemeint, das in vielen Teilen Eurasiens, insbesondere in der russischen Republik Tatarstan lebte. Die heutigen Tataren bilden eine Nachkommenschaft der Turkstämme, die auf dem Boden Eurasiens lebten, auch in der Wolga-Ural-Region. Dieses Volk trägt das Erbe vieler uralter Stämme, bei denen turkische Elemente die Hauptrolle spielten. Das Fleischgericht Tatar aus rohem Hackfleisch ist übrigens nach dem asiatischen Steppenvolk der Tataren benannt, denen nachgesagt wurde, sie hätten früher rohe Fleischstücke unter ihren Sätteln mürbe geritten und anschließend verzehrt. Dabei handelt es sich aber ziemlich sicher nur um eine Metapher.

Häuschen im »polnischen Orient«

king Leśny (Waldparkplatz) am Silvarium bei Poczopek. Das 400 Meter entfernte **Silvarium** ist ein schöner Park mit Weihern an einem ehemaligen Gut mit Lehrgarten und Museum (Silvarium Nadleśnictwo Krynki, 16-113 Poczopek, www.krynki.bialystok.lasy.gov.pl).

AUGUSTÓW-KANAL UND OSTMASURISCHE SEENPLATTE

Die 676 führt nach Südwesten wieder auf Białystok zu, aber diesmal tangiert die breite Umgehung die große Stadt nur. Die E 67 würde uns schnell in nördliche Richtung nach Augustów bringen. Wir fahren aber von Białystok westlich der E 67 über die 65 und 61 nach Augustów, denn auf dieser Strecke wird der **Biebrzański-Nationalpark** durchfahren, der als größtes und wertvollstes Moorgebiet Mitteleuropas gilt.

Das Informationszentrum des Nationalparks ist bei Osowiec-Twierdza (Informacji Turystycznej Biebrzańskiego Parku Narodowego, Osowiec-Twierdza 8a, 19-110 Goniądz, www.biebrza.org.pl). Einen Parkplatz an der 65 gibt es kurz vor der Überquerung der Biebrza (N 53°28'52.6" E 22°38'44.6"). Nach der Biebrza ist links der Straße ein Parkplatz für einen Aussichtsturm zur Vogelbeobachtung über das Wassersystem des Flusses. Weiter östlich im Gebiet liegt dann noch sehr einsam ein Wohnmobilstellplatz an der **Agroturystyka Dworek Na Końcu Świata**.

Das Restaurant Tatarska Jurta

Ełk hat sich zur modernen Urlaubsstadt entwickelt.

Auf der 65 könnte man nun nach Nordwesten über **Ełk** (Elch) fahren, das als Zentrum des Segelsports gilt. Die moderne, 60 000 Einwohner zählende Stadt bietet außer dem Jezioro Ełckie (Lycker See) die Attraktion einer Schmalspurbahn, über die schon Siegfried Lenz geschrieben hat. Die alte Dampflok ist in der Sommersaison immer noch unterwegs und fährt von Ełk bis Zawady-Tworki. Es gibt natürlich auch dort einen Campingplatz und in der Nähe des Platzes genügend Parkplätze am Lycker See. Wir machen lieber in Grajewo die Kurve nach Nordost auf die 61 in Richtung Augustów und streben Masuren mit seinen 3000 Seen zu.

Augustów ist von drei Seen umgeben und bekannt durch den **Augustów-Kanal**. Die 30 000 Einwohner zählende Stadt ist ein Segelsportzentrum. Von hier aus finden auch Ausflugsfahrten der Weißen Flotte statt. Eine beliebte, fast 100 Kilometer lange Paddelstrecke führt durch die Puszcza Augustowska

AUSFLUG

BIEBRZAŃSKI-NATIONALPARK

Auf einer Länge von 135 Kilometern blieb die Biebrza in ihrem natürlichen Lauf erhalten. Beim Frühjahrshochwasser werden von ihr regelmäßig große Gebiete unter Wasser gesetzt. In dieser Jahreszeit zieht der Nationalpark Ornithologen aus aller Welt an. Für Touristen sind innerhalb des Nationalparks rund 500 Kilometer Wanderwege und 400 Kilometer Radwege ausgewiesen. Auch kann die Biebrza auf ihrer gesamten naturbelassenen Strecke befahren werden. Am Informationszentrum des Nationalparks bei Osowiec-Twierdza wird gern Auskunft erteilt. Dort können auch Kajaks gemietet werden und von diesem Zentrum aus führen zwei Lehrpfade in die Sumpflandschaft. Das Biebrza-Tal bietet übrigens den größten Lebensraum für Elche in Polen.

Info: Biebrzański Park Narodowy, Osowiec-Twierdza 8, 19-110 Goniądz, Tel. +48 85 7380620, www.biebrza.org.pl

Vorsicht! Elche kreuzen die Straße!

Blick auf den Hafen der weißen Flotte in Augustów

über den Augustów-Kanal und weiter über den Fluss Czarna Hancza.

Etwas außerhalb bietet das Erholungsgebiet am Jezioro Necko große Parkplätze für die zahlreichen Urlauber, darüber hinaus den **Camping Marina Borki**, den **Camping Necko** und andere. Einen schönen Blick auf einen Teil des Hafens und auf Kanäle hat man vom Parkplatz an der modernen Kirche an der 16. Hier befindet sich westlich der 16 auch das Kanalmuseum.

Die E 67 ist die verkehrsreiche Ausfallstraße von Augustów nach Norden. Unser Ziel ist der Wigierski-Nationalpark und der Landschaftspark um **Suwałki**, der zu den schönsten Ecken Polens gehört. Noch vor Suwałki gibt es den Wohnmobilstellplatz **Nad Wigrami**, den **Camping U Jawora** am Wigry-See, einen ruhigen Parkplatz am Parkour-Park mit kleinem See in Suwałki, jedoch 1,5 Kilometer vom Zentrum entfernt, oder den Großparkplatz gleich hinter dem interessanten Bauernmarkt (N 54°06'03.1" E 22°56'11.9"). Der Campingplatz **Private** liegt im Stadtgebiet an einem ruhigen Grüngürtel. Das großzügig angelegte und sehr lebendige Suwałki überrascht mit einer Anzahl klassizistischer Gebäude wie zum Beispiel in der ulica Tadeusza Kościuszki. Die Stadt leidet aber auch unter ihrer Funktion eines Verkehrsknotenpunktes.

Seltene Wasserpflanze im Moorsee: der Froschlöffel

SPECIAL

DER AUGUSTÓW-KANAL

Der Kanał Augustowski wurde im 19. Jahrhundert erbaut und sollte Polen einen Zugang zur Ostsee verschaffen. Dies war die Alternative für den Transport polnischer Waren, weil die Preußen 1821 hohe Zollgebühren für den Transit durch ihr Gebiet einführten. Mit dem Kanal sollte preußisches Gebiet umgangen werden. Die Wasserstraße durchquerte zahlreiche Seen und erreichte eine Länge von 101 Kilometern. Dabei wurden 18 Schleusen zur Überwindung der Höhenunterschiede nötig. Der Augustów-Kanal ist nicht nur ein Denkmal der Wasserbaukunst. Rund 80 Kilometer des malerischen Kanals bilden heute eine der wichtigsten Touristenattraktionen in Polens Nordosten. Im Kanal-Museum werden Geschichte und Technik dieser Wasserstraße präsentiert.

Info: Muzeum Kanału Augustowskiego, ul. 29 Listopada 5a, 16-300 Augustów, Tel. +48 87 6432360, www.apk.augustow.pl; www.augustow.pl

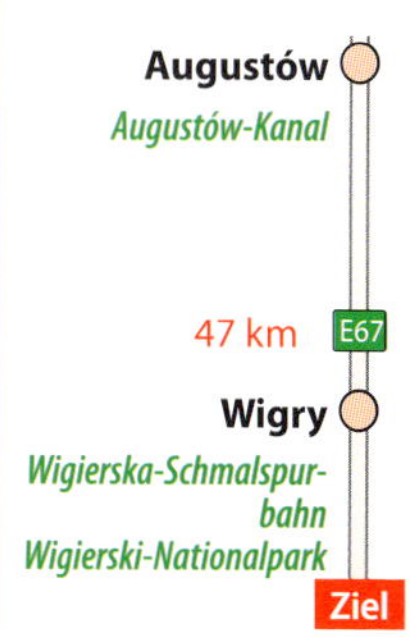

Blick vom Turm des Klosters über die Seenlandschaft

Ein touristischer Anlaufpunkt ist die **Wigierska Kolejka Wąskotorowa** (Wigierska-Schmalspurbahn) mit Gasthaus, einst zum Holztransport gebaut. Die Bahn startet an jedem Samstag und Sonntag um 10 Uhr (ul. Płociczno Tartak 40, 16-402 Suwałki, www.augustowska.pl).

Zum Abschluss der Route 3 dringen wir noch weiter in den glazialen Nationalpark von Wigry vor und lenken auf der 653 von Suwałki in östliche Richtung nach Wigry.

Weit vor Wigry ist der Sitz der Wigierski-Nationalpark-Verwaltung (Wigierskiego Parku Narodowego) mit großem Parkplatz (N 54°05′02.0″ E 23°00′35.7″). Von hier aus bieten sich verschiedene Wanderungen oder Radtouren unterschiedlicher Länge an, zum Beispiel zum 500 Meter entfernten herrlichen Jezioro Suchary mit Badestrand oder zu etwas weiter weg liegenden Moorseen im Wald.

Von der 653 biegen wir nach **Stary Folwark** rechts in Richtung Magdalenowo ab und kommen zum wunderbar gelegenen **Kloster der Kamaldulenser** am Wigry-See, ein guter Ausgangspunkt für Exkursionen in den Wigierski-Nationalpark.

AUSFLUG

WIGIERSKI-NATIONALPARK

Der in der Nähe von Suwałki gelegene Wigierski-Nationalpark umfasst ein 15 000 Hektar großes Wald- und Seengebiet. Das einzigartige Ökosystem durchfließen sechs kleinere Flüsse. 42 Seen befinden sich in dem Nationalpark, einige davon sind herrliche kleine Moorseen. Der namengebende Jezioro Wigry (Wigry-See) ist mit 73 Metern einer der tiefsten Seen Polens. Auf ihm verkehrt ein Ausflugsschiff. Im Nationalpark leben allein 200 Vogelarten, außerdem Biber, Elche, Otter, Wölfe, Adler und Schwarzstörche. Auch seltene Pflanzenarten kommen hier vor. Wanderer, Radfahrer, Kanuten und Segler finden eine perfekte Freizeitumgebung.

Info: Wigierski Park Narodowy, Krzywe 82, 16-402 Suwałki, Tel. +48 87 5632540, www.wigry.org.pl

Links: Das Kloster der Kamaldulenser am Wigry-See

Oben: Optische Eindrücke am Jezioro Wigry

Unten: In Polen gibt es gutes Bier und viel Wodka.

Der katholische Eremitenorden der Kamaldulenser gründete hier 1694 eines von insgesamt zwölf Klöstern in Polen. Die Kamaldulenser sind ein geistlicher Orden, der nach seinem ersten Sitz, Camaldoli in der Toskana, benannt wurde. Sie leben nach der Regel des heiligen Benedikt und wohnen in einzelnen Häuschen innerhalb einer Klostermauer. Heute gibt es nur noch zwei Kongregationen in Italien. Auf der Halbinsel im Wigry-See bietet das Kloster, das die letzten Mönche schon vor 200 Jahren verließen, einen traumhaften Blick auf die Landschaft des Nationalparks. Die burgförmige Anlage im barocken Stil wurde im Ersten Weltkrieg und nochmals im Zweiten Weltkrieg fast völlig zerstört. Heute dienen die wiederaufgebauten zwölf weiß gestrichenen, kleinen Häuser der früheren Eremiten im Klosterhof als Hotelzimmer.

Gegenüber dem Kloster liegt der Campingplatz **U Haliny** mit Bootsverleih direkt am See. Auf Bestellung essen und trinken die Gäste echt und üppig polnisch im Gartenpavillon. Im Kloster, heute auch ein Restaurant, kann ein Turm bestiegen werden. Der weite Blick über die Landschaft ist herrlich. Unterhalb des Klosters befindet sich die Anlegestelle für das Ausflugsschiff auf dem See.

SPECIAL

WODKA, DAS BELIEBTE WÄSSERCHEN

Das Wort Wodka entstammt dem slawischen Wort »woda« für Wasser oder Wässerchen. Polen wie Russen beanspruchen beide, Erfinder dieses meist 40-prozentigen »Wässerchens« zu sein. Seit dem 14. Jahrhundert ist die Herstellung von Wodka aus Roggen in Polen belegt. Heute wird dafür immer noch überwiegend Roggen verwendet, aber auch andere Getreidearten oder Kartoffeln. Oft wird in Polen während des gesamten Essens Wodka getrunken. Die Gläser sind fünfmal so groß wie deutsche Schnapsgläser. Häufig wird das Glas in fröhlicher Runde auf einen Zug geleert. Bei 40 Prozent Alkoholgehalt ist allerdings Vorsicht geboten! Die Grenze für den Straßenverkehr liegt bei 0,2 Promille.

PRAKTISCHE HINWEISE

TOURIST-INFORMATIONEN

Tourist-Information Białystok
Ulica Odeska 1, 15-406 Białystok,
Tel. +48 85 7326831, www.podlaskieit.pl

Tourist-Information Augustów
Ulica Zygmunta Augusta 8,
16-300 Augustów, Tel. +48 511 181848,
www.augustow.pl

Tourist-Information Suwałki
Ulica Tadeusza Kościuszki 37,
16-400 Suwałki, Tel. +48 87 5665961,
www.suwalki.pttk.pl

CAMPING- UND STELLPLÄTZE

Stellplatz Żabi Raj
Trzepowo 62, 06-114 Pokrzywnica,
Tel. +48 600 325333, www.zabiraj.pl
GPS-Daten: N 52°34'44.4" E 21°04'04.0"
Der einsame Wiesenplatz liegt 17 Kilometer vor Pułtusk am Jezioro Żabi Raj, der aber nur ein Weiher ist. Keine Einkaufsmöglichkeit und kein Restaurant in der Nähe. Bootsverleih, die Narew ist zwei Kilometer entfernt.

Stellplatz und Camping Port Łomża
Ulica Żydowska 10, 18-400 Łomża,
Tel. +48 78 4001446, www.mosir.lomza.pl
GPS-Daten: N 53°10'47.9" E 22°05'15.5"
Der Wiesenplatz liegt im Osten von Łomża direkt am Hafen und an der Narew mit guter Aussicht. Spielplatz, Picknicktische, Bootsverleih und Uferpromenade. Etwa 500 Meter bis zum Marktplatz.

Wohnmobilstellplatz an einem Altarm der Narew

Diese Schmalspurlok wurde 1925 von Henschel in Kassel gebaut.

Stellplatz Agroturystyczne U Zosieńki
Kolonia Tykocin, Ulica Kaczorowo 40, 16-080 Tykocin, Tel. +48 85 7187719, b5e1l8.webwavecms.com
GPS-Daten: N 53°12'15.9" E 22°44'08.1"
Der Wiesenplatz an einem Bauernhof liegt im schönen Landschaftspark der Narew drei Kilometer westlich von Tykocin mit Einkaufsmöglichkeiten und Restaurants. Zwei Kilometer sind es zum Wisent-Gehege Kiermusy. Ideale Gegend zum Fahrradfahren.

Stellplatz Agroturystyczne U Żendziana
Rzędziany 17, 16-080 Rzędziany, Tel. +48 85 7182470, www.uzendziana.pl
GPS-Daten: N 53°08'59.8" E 22°52'12.0"
Der Sandplatz liegt vor dem Bauernhof direkt an einem Altarm der Narew im Süden des Dorfes Rzędziany. Die Green-Velo-Route führt am Hof vorbei (www.greenvelo.pl). Picknicktische mit schöner Aussicht über die Wasserläufe. Keine Einkaufsmöglichkeit in der Nähe.

Camping U Michała
Ulica Krzyże 11, 17-230 Białowieża, Tel. +48 85 6812703
GPS-Daten: N 52°41'37.8" E 23°49'51.0"
Stellplätze auf der Hauswiese mitten im Dorf Zastawa, 1,5 Kilometer vor Białowieża. Einkaufsmöglichkeit und Restau-rants 150 Meter entfernt.

Camping Dworek Pod Lipami
Ulica Kruszyniany 51, 16-120 Krynki, Tel. +48 85 7227554, www.dworekpodlipami.pl
GPS-Daten: N 53°10'44.8" E 23°48'45.8"
Das gepflegte Gästehaus in einem ehemaligen Gutshof in dem einsamen Tatarendorf Kruszyniany, zehn Kilometer vor Krynki, verfügt über eine große Wiese hinter dem Haus. Restaurant und Fahrradverleih. Ein weiteres tatarisches Restaurant liegt 100 Meter entfernt. Keine Einkaufsmöglichkeit.

Stellplatz Parking Leśny
Silvarium Nadleśnictwo Krynki, 16-113 Poczopek
GPS-Daten: N 53°15'57.0" E 23°38'18.9"
Der schattige Wohnmobilstellplatz auf dem einsamen Waldparkplatz am Silvarium ist neu und hat eine sehr gute Ausstattung und ein WC. Rund 400 Meter zum Silvarium, ein schöner Park mit Weihern an einem

Am Wohnmobilstellplatz Parking Leśny am Silvarium

ehemaligen Gut mit Lehrgarten und Museum. Keine Einkaufsmöglichkeit.

Stellplatz Dworek Na Końcu Świata
Ulica Dolina Biebrzy Kopytkowo 4, 16-310 Sztabin, Tel. +48 600 273051, www.rumcajsy.com, www.biebrza-agroturystyka.pl
GPS-Daten: N 53°35'21.0" E 22°53'42.5"
Sehr einsamer Platz 30 Kilometer östlich der 65, Verleih von Bootsplattformen und Kajaks. Keine Einkaufsmöglichkeit.

Camping Marina Borki
Ulica Nadrzeczna 147, 16-300 Augustów, Tel. +48 88 5023632, www.marinaborki.pl
GPS-Daten: N 53°51'14.0" E 22°58'59.1"
Guter Platz im Nordwesten des Ortes in einem Wäldchen am See, zwei Kilometer zum Zentrum mit Geschäften und Restaurants. Restaurant am Platz, Bootsverleih, eigener Strand und Steg, Grillplätze.

Camping Necko
Ulica Sportowa 1, 16-300 Augustów, Tel. +48 603 378903, www.necko.pl
GPS-Daten: N 53°51'43.3" E 23°00'05.9"
Platz im Nordosten von Augustów in einem Wäldchen 150 Meter von der E 67 entfernt, vier Kilometer in das Zentrum mit Geschäften und Restaurants. Strand und Kajakverleih.

Camping Mosir
Ulica Parkowa 9, 19-300 Ełk, Tel. +48 87 6109700, www.mosir.elk.pl
GPS-Daten: N 53°48'58.8" E 22°21'11.0"
Der Wiesenplatz liegt in einer grünen Zone im Stadtgebiet von Ełk, 200 Meter vom Ełk-See mit Strand entfernt. Großer Supermarkt 800 Meter entfernt.

Stellplatz Nad Wigrami
Ulica Gawrych Ruda 18, 16-402 Suwałki, Tel. +48 87 5639321, www.nadstawem.eu

Am Parkplatz am Jezioro Necko vor dem Campingplatz Marina Borki

GPS-Daten: N 54°01'22.5" E 22°59'35.6"
Große, ruhig gelegene Wiese mit Picknicktischen an einem Gasthaus, guter Service. 250 Meter vom kleinen Jezioro Staw und ein Kilometer von einem Seitenarm des Jezioro Wigry entfernt. 1,5 Kilometer bis zur Wigierska-Schmalspurbahn.

Camping U Jawora
Ulica Gawrych Ruda 40, 16-402 Suwałki, Tel. +48 87 5639336, www.ujawora.pl
GPS-Daten: N 54°01'08.0" E 23°01'09.7"
Wiesenplatz bei einem Gasthaus am Jezioro Wigry, nur durch eine wenig befahrene Straße getrennt. Eigener Strand, Grillplatz und Bootsverleih. Liegt an der Green-Velo-Route (www.greenvelo.pl) und nur 2,5 Kilometer von der Wigierska-Schmalspurbahn entfernt.

Camping Zajazd Private
Ulica Polna 9, 16-400 Suwałki,
Tel. +48 87 5665362,
www.private.firmy.suwalki.pl
GPS-Daten: N 54°05'34.9" E 22°56'03.6"
Kleiner Platz bei einem Restaurant, ruhig gelegen an einem Grüngürtel im südlichen Stadtgebiet von Suwałki. Etwa 1,3 Kilometer in das Stadtzentrum mit weiteren Restaurants und Geschäften.

Camping Pensjonat U Haliny
Wigry 12, 16-412 Wigry, Tel. +48 87 5637042, www.suwalszczyzna.com.pl
GPS-Daten: N 54°04'10.2" E 23°05'02.9"
Schöner Wiesenplatz direkt am Wigry-See mit Steg und Bootsverleih gegenüber dem Kloster der Kamaldulenser. Etwa 150 Meter zum Steg der Ausflugsschiffe. Auf Bestellung gibt es im Pavillon am Haus deftige polnische Gerichte.

Panoramablick über den Campingplatz U Haliny

Auf der Campingwiese Nad Wigrami hat jeder seinen eigenen Picknickplatz.

4 IM LAND DER HOHEN HIMMEL UND 3000 SEEN

Reise durch die Masurische Seenplatte

Die in Liedern besungenen hohen Himmel Ostpreußens wirken im Land der 3000 Seen besonders deutlich. Die Dichte an Gutshäusern und Schlössern kommt stellenweise der Anzahl derer an der Loire in Frankreich nahe. Die Adelshäuser sind deutsch-polnisches Kulturerbe. Der Landschaftspark der Masurischen Seenplatte zählt zu den größten Ferienregionen Polens. Hier ist das ideale Gebiet für einen Urlaub am oder auf dem Wasser. Sehenswert sind die Kreuzritterburgen des Deutschen Ordens, das Kloster Heilige Linde und die Bauten der Backsteingotik. Der Ferienort Mikołajki genießt den Ruf, das Venedig Masurens zu sein.

Jeder der 3000 Seen ist eine Idylle.

Wir verlassen den Nationalpark Wigry auf der 653 über Suwałki und wenden uns dort auf der 655 in nördliche Richtung, immer noch im Landschaftspark Suwałki unterwegs. Im Gebiet befinden sich viele Seen in einer postglazialen Rinne. Der **Hańcza-See** westlich der 655 ist mit 106 Metern der tiefste See in Polen. Abschmelzendes Toteis der Kaltzeiten hinterließ an seinem Strand große Granitfindlinge aus Skandinavien. Durch das Hańcza-Tal führen gekennzeichnete Lehrpfade und Radwege.

In **Malesowizna** südlich des Hańcza-Sees befinden sich die Tourist-Info und der Sitz des Landschaftsparks von Suwałki. Dort gibt es Karten und Broschüren über dieses Gebiet des sanften Tourismus in reinster Natur.

Die Ortschaft **Rutka-Tartak** liegt nahe der litauischen Grenze. Die Landschaft wird hügeliger und die Dörfer ruhiger. Einzelne Feldsteine und Findlinge aus Granit bezeugen die Gestaltung der Landschaft durch die Eiszeiten. Die Granitfindlinge haben die Gletscher aus Skandinavien über die vereiste Ostsee herübergeschoben. Das sogenannte »Buckelmasuren« hier oben im Norden ist optisch sehr reizvoll und touristisch noch nicht so stark frequentiert wie die Großen Masurischen Seen. Ein ideales Gebiet für Urlauber, die nur Natur und Ruhe suchen. Noch vor Rutka-Tartak ist der **Jezioro Pobondzie** solch ein Refugium. Ein **Campingplatz** mit einer großen Wasserrutsche liegt direkt am Pobondzie-See.

In Rutka-Tartak fahren wir auf der 651 nach Westen auf Gołdap zu und kommen in die **Województwo warmińsko-mazurskie** (Woiwodschaft Ermland-Masuren). Dieser nordöstlichste Teil Polens erstreckt sich bis an die Grenze Litauens und an die russische Exklave Kaliningrad sowie bis an das Frische Haff. Das Gebiet Ermland-Masuren bildete einst mit Kaliningrad das ehemalige Ostpreußen. Zu den Farben des Sommers in Masuren gehören die leuchtend gelben Rapsfelder und Wiesen mit den roten Tupfern der Mohnblumen.

Masuren wurde von den Eiszeiten geformt und seine Tausenden Seen und Moränenhügel eignen sich ideal zum Wassersport. Die meisten großen Seen sind mit Flüssen und Kanälen verbunden, sodass sich ein großes Wasserwegenetz nutzen lässt. Der Name Masuren geht auf die polnischen Einwanderer

ROUTE 4

START- UND ENDPUNKT
Wigry und Mikołajki

STRECKENLÄNGE
340 km

FAHRZEIT
3 bis 4 Tage

BESTE JAHRESZEIT
Juni bis September

Die vielen Seen bilden in den Morgenstunden mystische Ansichten.

Dieser Badeplatz am Wiżajny-See zeigt geradezu ein idealisiertes Bild von Masuren.

aus Masowien zurück, die ab dem 15. Jahrhundert um die Großen Masurischen Seen siedelten.

Das landschaftlich reizvolle Warmia (Ermland) liegt zwischen dem westlichen Masuren und den Großen Masurischen Seen. Der berühmte Oberländische Kanal führt in Ermland zur Ostsee, aber dazu kommen wir später auf der Route 5.

AM DREILÄNDERECK

Bei **Wiżajny** liegt am Jezioro Wiżajny ein herrlicher Badeplatz mit Picknicktisch (N 54°22'38.5" E 22°51'31.7"). Die 651 leitet auch direkt am Dreiländereck Polen-Litauen-Russland vorbei. Der besondere dreiseitige Grenzstein steht 300 Meter von einem schönen Parkplatz entfernt (N 54°21'43.2" E 22°47'45.7"). Aber Achtung – die Übernachtung auf solch grenznahen Plätzen wird von der polnischen Grenzpolizei auf keinen Fall geduldet! Ein weiterer einsamer Pausenplatz findet sich an der 651 nach Żytkiejmy im Wald der berühmten **Rominter Heide** (N 54°20'06.8" E 22°40'27.5"). Wälder, romantische Wiesen und Seen sowie unwegsame Moore prägen die Landschaft hier.

SPECIAL

ROMINTER HEIDE

Traditionell war die Rominter Heide ein beliebtes Jagdgebiet der Komturen des Deutschen Ordens und der preußischen Landesherren. Über die Jahrhunderte galt das jagdliche Interesse der Hohenzollern dem hier legendär kapitalen Rotwild, bis ins 18. Jahrhundert auch den damals noch zahlreichen Braunbären. Bei dem Dorf Dubeninki im ehemaligen Theerbude stand das von Kaiser Wilhelm II. im norwegischen Stil errichtete Jagdschloss Rominten mit benachbarter Kapelle. Zur Zeit des Nationalsozialismus wurde die Rominter Heide von Reichsjägermeister Hermann Göring in Beschlag genommen. Er ließ sich knapp zwei Kilometer nördlich des alten kaiserlichen Jagdschlosses als eigenes Domizil am Steilhang über der Rominte den Reichsjägerhof Rominten erbauen.

Am Eisenbahnviadukt Stańczyki ist auch ein großer Parkplatz für Wohnmobile.

Nach dem winzigen Dorf Błąkały bringt uns ein Abstecher zum eigentümlichen, doppelten **Eisenbahnviadukt Stańczyki** (N 54°17'44.7" E 22°39'20.1"), das an der Green-Velo-Route liegt (www.greenvelo.pl).

Die beiden über 30 Meter hohen Eisenbahnviadukte ähneln einem römischen Aquädukt. Die Planungen für das Bauwerk begannen 1908 und noch während des Ersten Weltkrieges entstand ein Projekt zur Errichtung einer Hauptverkehrslinie von Westpreußen über Ostpreußen nach Litauen. Im Jahr 1917 begannen die Bauarbeiten an Bahndämmen, Brücken und Viadukten, doch die Arbeiten wurden lange Zeit nicht abgeschlossen. In den 1920er-Jahren beschloss man, die Eisenbahnlinie wenigstens eingleisig fertigzustellen und nach 1941 wurde Baumaterial für die Wolfsschanze auf ihr befördert. 1945 schließlich wurde die gesamte Strecke von der Sowjetunion demontiert. Heute können die Brücken besichtigt und begangen werden. Da sich das Viadukt allerdings in Privatbesitz befindet, wird Eintritt verlangt.

Wir gelangen nach **Gołdap** am Jezioro Gołdap, wo sich auch ein schöner **Campingplatz** mit Steg, Strand und Bootsverleih befindet. In Gołdap selbst gibt es einen großen Parkplatz am Rynek (Marktplatz) und einen Parkplatz etwas abseits (N 54°18'22.7" E 22°17'45.5"). Gołdap ist der einzige Kurort in Ermland-Masuren. Dank der sauberen Luft,

Vom alten Wasserturm erleben die Gäste ein fantastisches Panorama über das nördliche Masuren.

POLNISCHE BESONDER-HEITEN IM BILD

Bilder Seite 86
Oben: Am Wirtshaus in Kiermusy
Mitte: »Achtung! Kreuzende Wisente« – dieses Verkehrsschild gibt es im Białowieża-Nationalpark.
Unten: Im Naturpark der Warta-Mündung

Bilder Seite 87
Links oben: Polen ist das Land der Störche.
Rechts oben: Sandstrand bei Krynica Morska
Unten: Der Aussichtspavillon am Rastplatz der 527 steht direkt im See und ist zur Vogelbeobachtung gut.

KR M-7
KR M-7

Polen ist in weiten Teilen ein Agrarland.

der Mineralwasser- und der Torfvorkommen ist es ein Ort für Gesundheit und Erholung.

Die Stadt ist nach dem Flüsschen Gołdapa benannt. Es durchzieht die umliegende ruhige Naturlandschaft und einige Seen und wieder stoßen wir auf ein bei Kanu- und Kajakfahrern beliebtes Gebiet. Ein sehr schönes Panorama bietet sich dem Besucher von dem Café und der Aussichtsplattform des alten Wasserturms aus dem Jahr 1905 (ul. Paderewskiego 35). Ebenso werden wir auf unserem weiteren Weg in Giżycko ein Café in einem alten Wasserturm mit Aussicht finden.

Für Kinder und Tierliebhaber lohnt sich ein Abstecher auf der 650 in den **Safari-Park**, drei Kilometer südlich von Gołdap am Fuße des 271 Meter hohen Berges **Piękna Góra** gelegen. Hier gibt es seltene Vögel, Rehe, Hirsche und Wildpferde zu beobachten, Stärkung bietet das angeschlossene Restaurant. In 800 Meter Entfernung überrascht ein Dreh-Café. In 50 Minuten dreht sich der

SPECIAL

MASURENS EINZIGER KURORT

Gołdap war im ausgehenden Mittelalter bekannt für seine Vieh- und Pferdemärkte. Berühmt war der Ort auch durch seine Tuchmacher, Hutmacher, Strumpfstricker, Gerber und Bäcker. Gołdaper Kringel, Brezeln und Met wurden sogar exportiert. Heute ist Gołdap ein Kurort in Aufbruchsstimmung. Die reichhaltigen Torfvorkommen und das magnesium- und calciumreiche Mineralwasser werden zu Heilbehandlungen genutzt. Außerdem gehört die Gegend um Gołdap, wenn auch an der Grenze zur russischen Enklave Kaliningrad, zu den landschaftlich attraktivsten Regionen Polens. Auf einer neu gestalteten Promenade wandeln die Kurgäste aus der Stadt an den Gołdaper See, an dessen Ufer ein Gradierwerk gebaut wurde. Über Reisig-Wände rieselt das Heilwasser und reichert die Atemluft wohltuend mit Mineralien an (www.goldap.pl, www.uzdrowiskogoldap.pl).

Morgenstimmung am Campingplatz

Fußboden einmal um die eigene Achse und zeigt den Gästen auf diese Weise ein 360°-Panorama des Piękna Góra (Piękna Góra Rudziewicz, ul. Konikowo 11, 19-500 Gołdap, www.zajazd-rudziewicz.pl). Der Piękna Góra ist übrigens auch ein beliebter Berg für den Wintersport.

URLAUBSPARADIES UM OLECKO

Die 65 bringt uns schnell in südliche Richtung nach **Olecko** am Jezioro Olecko Wielkie. In der Stadt gibt es mehrere Parkmöglichkeiten und auch am See ist vielleicht ein Parkplatz frei. Ein **Campingplatz** findet sich am Nordende des Sees bei dem **Restaurant Olecki**.

Olecko war eine bedeutende Handelsstadt am einstigen Länderdreieck Preußen, Polen und Litauen. Aus dieser Zeit stammt der riesige, sieben Hektar große Marktplatz. In den Jezioro Olecko Wielkie ragt eine Seebrücke, die zum Bummeln einlädt. Die Umgebung Oleckos durchzieht ein dichtes Netz von Flüssen, die zahlreiche Seen verbinden. Wieder finden wir ein ideales Gebiet für Kanuten vor.

Nordwestlich von Olecko liegt eine einsame Seenplatte in naturnaher Landschaft um den Jezioro Łaźno. Noch ein paar Kilometer weiter westlich ist das **Wisent-Gehege Wolisko** im Borecka-Urwald (Borker Heide), wo die bis zu einer Tonne schweren Tiere zu beobachten sind (Wolisko 2, 11-612 Możdżany, www.smz.waw.pl). Anschließend kann man auf dem guten **Campingplatz** des Hotels **Folwark Łękuk** am Jezioro Łękuk wunderbar entspannen.

DIE GROSSEN MASURISCHEN SEEN

Die Hauptregion Masurens ist das Gebiet der Großen Masurischen Seen. Mit einer Fläche von 114 Quadratkilometern ist der **Jezioro Śniardwy** (Spirdingsee), südlich von Mikołajki, der größte See in Polen und ein bevorzugtes Segelrevier. Der nördlich gelegene **Jezioro Mamry** (Mauersee), südlich von Węgorzewo, ist mit 104 Quadratkilometern fast ebenso groß. Die beiden Seen sind, wie viele andere in Masuren, durch Flüsse, Kanäle und weitere Seen verbunden. Etliche ihrer In-

Das Schloss des Deutschen Ordens steht an der Drehbrücke des Lötzener Kanals.

seln sind als Schutzgebiete für Vögel ausgewiesen.

Von Olecko aus bewegen wir uns gemäß der Hauptroute auf der 655 nach Westen. Im lebendigen Städtchen **Wydminy** müssen wir rechts auf die 63 in Richtung Giżycko. Am Ortsende ist rechts vor dem Restaurant Gościniec Wydminy ein Parkplatz – interessant deshalb, weil ein Weg zum **Jezioro Wydmińskie** hinunterführt und unten eine Holzbrücke zu einem schönen Badestrand auf der Halbinsel.

Giżycko (Lötzen) ist ein touristisches Zentrum, vor allen Dingen des Segelsports. Das Städtchen wird auch »Sommerhauptstadt Polens« genannt. Ein großer Parkplatz und der Wohnmobilstellplatz **Ekomarina** sind am Hafen. **Camping Borowo** liegt östlich vor dem Ort und **Camping LOK** westlich des Ortes. Südlich des Deutschorden-Schlosses ist der kleine **Camping Zamek** direkt am Lötzener Kanal. Der gute **Camping Stranda** liegt drei Kilometer vom Zentrum entfernt. Am Jezioro Niegocin gibt es auch an dessen Westufer

SPECIAL

WASSERSPORT IN MASUREN

Auf 3000 masurischen Seen, in denen sich der Himmel spiegelt, findet fast jeder Wassersportler seine Nische. Giżycko und Mikołajki sind die Zentren für den Segelsport und den Hausboot-Tourismus. Von Giżycko aus können Segler und Hausbootkapitäne zum Beispiel durch Seen und Kanäle die fast 50 Kilometer lange Strecke nach Mikołajki fahren oder noch weiter bis Ruciane-Nida, oder nach Norden bis Węgorzewo. Die Ausflugsschiffe der masurischen Weißen Flotte (Żeglugą Mazurską) fahren ebenso diese Strecke und auch zu Zielpunkten wie dem Schloss Steinort (Startpunkt beim Wohnmobilstellplatz Ekomarina am Hafen von Giżycko, nähere Informationen siehe www.zeglugamazurska.com.pl). Selbst auf kleinen Seen und Flüsschen finden Kanufahrer und Kajakpaddler ihr Refugium. Es lassen sich lange Touren zusammenstellen, denn die Seen sind durch Kanäle weitgehend verbunden. Verleihstationen für Kanus und Kajaks gibt es überall.

Am Jezioro Tałty, nördlich von Mikołajki

einige ruhigere Campingplätze. Ein schöner Campingplatz befindet sich bei einer Hotelanlage sieben Kilometer westlich von Giżycko am **Jezioro Kisajno**.

Giżycko (deutsch: Lötzen) wurde 1340 zum ersten Mal urkundlich genannt und liegt schön zwischen dem Jezioro Kisajno und dem Jezioro Niegocin, die der kanał Giżycki (Lötzener Kanal) und der kanał Niegociński verbindet. Am Lötzener Kanal auf der Seite des Jezioro Niegocin, steht das wiederaufgebaute **Schloss des Deutschen Ordens** aus der zweiten Hälfte des 14. Jahrhunderts. Später wurde es im Stil des Barocks umgebaut, heute dient es als Hotel.

Bei dem Schloss gibt es eine interessante **Drehbrücke** über den Kanal, die aber nur mit Fahrzeugen bis zwei Meter Höhe befahren werden kann. Südlich des Schlosshotels befindet sich der kleine **Camping Zamek** direkt am Lötzener Kanal. Giżycko hat auch ein Café in einem alten **Wasserturm** mit bester Aussicht (Wieża Ciśnień, ul. Warszawska 37, www.gizycko.pl/wieza-cisnien.html).

Besondere Sehenswürdigkeit ist die **Feste Boyen** aus dem 19. Jahrhundert, eine Anlage, durch die sich die Preußen vor der Gefahr aus dem Osten schützen wollten. Die Festung, die auch ein kleines Museum beherbergt, liegt im Westen von Giżycko.

SPECIAL

FESTE BOYEN

Das Fort ist ein Beispiel der preußischen Festungsbaukunst aus dem 19. Jahrhundert und gehört zu den besterhaltenen denkmalgeschützten Objekten der Wehrarchitektur in Polen. Sie nimmt eine Fläche von 100 Hektar ein und ist einem sechsarmigen Stern ähnlich, deren Enden zu je einer Bastion ausgebaut wurden. Im Innern befanden sich Arsenal, Pferdeställe, Schmiede, Werkstätten, zwei Speicher sowie eine Brieftauben-Poststelle. Im Jahr 1855 wurde der Bau der Festung beendet. Heute finden im Amphitheater der Festung Musikkonzerte und Festivals statt.

Info: Twierdza Boyen, ul. Turystyczna 1, 11-500 Giżycko, Tel. +48 87 4288393, www.boyen.gizycko.pl

Giżycko

Festung Boyen
Ausflugsschiffe zum Schloss Sztynort
Bunker der Wolfsschanze
Wallfahrtskirche Heilige Linde
Backsteingotik in Reszel
Bauernhofmuseum Sądry

63
650
591
594
143 km 591

Mrągowo

Die Ordensburg in Rastenburg ist gut erhalten.

HERRSCHAFTSSITZE UND BUNKERGELÄNDE

Auf dem Weg nach Norden in Richtung Węgorzewo auf der 63 besteht in Pozezdrze die Möglichkeit, einen Abstecher zum **Schloss Sztynort** (Steinort) zu unternehmen, das ab dem 16. Jahrhundert Stammsitz der Familie von Lehndorff war.

Im Gebiet westlich um **Pozezdrze** gibt es viele kleine Seen mit einigen versteckt gelegenen Campingplätzen. Ein guter Platz ist der **Camping Sonata** am Jezioro Dargin, fünf Kilometer vor Sztynort.

Vor Węgorzewo kann bei Kolonia Rybacka ein Badeplatz am Jezioro Święcajty angefahren werden (N 54°11′09.6″ E 21°46′57.4″). Daneben liegt der gut ausgestattete Campingplatz **Rusałka**.

In **Węgorzewo** (Angerburg) gibt es einen Parkplatz in der Stadtmitte. Am hinteren Ende des Stadthafens steht das massige Schloss des Deutschen Ordens aus dem 14. Jahrhundert. Im Hafen befindet sich eine Anlegestelle

SPECIAL

DIE WOLFSSCHANZE

Ab September 1940 wurde unter höchster Geheimhaltung das Hauptquartier Wolfsschanze in Vorbereitung des Krieges im Osten angelegt. Die Decken der Bunker waren sechs bis acht Meter dick. Die Anlage verfügte über einen Bahnanschluss und besaß einen eigenen Flugplatz. Sie war von einem breiten Minengürtel und Stacheldrahtzaun umgeben. Es bestand ständige Funk- und Telefonverbindung nach Berlin und zu allen Frontabschnitten. Die Wolfsschanze war Hitlers Hauptquartier in den Jahren 1941–1944. Am 20. Juli 1944 versuchte der Offizier Claus Schenk Graf von Stauffenberg auf dem Gelände der Wolfsschanze während einer Lagebesprechung ein Sprengstoffattentat, das Hitler jedoch überlebte. Als am 24. Januar 1945 die Rote Armee anrückte, wurden alle Objekte von der deutschen Wehrmacht gesprengt.

Info: Wilczy Szaniec, Gierłoż, 11-400 Kętrzyn, Tel. +48 89 7524429, www.wolfsschanze.pl

Im Innenhof der Ordensburg ist ein Museum untergebracht.

für die Schiffe der Weißen Flotte (Żeglugą Mazurską), die Ausflugsfahrten unternimmt. Hier ist zudem die Tourist-Info von Węgorzewo.

Weiter kurven wir nach Westen auf der 650 und folgen dieser in Srokowo nach Süden. Über Solanka erreichen wir mit einem Linksknick auf der 591 **Kętrzyn** (Rastenburg). Ein Parkplatz ist am plac Zamkowy direkt vor der Burg aus dem 14. Jahrhundert, in der ein regionales Museum und ein Hotel untergebracht sind. Die Festung mit dem hübschen kleinen Innenhof ist eine **Burg des Deutschen Ordens**. Das große Vermögen der ehemals drittreichsten Stadt Ostpreußens zeigt sich durch den Bau der **Basilika św. Jerzego**, 200 Meter westlich der Burg gelegen.

Neun Kilometer östlich von Kętrzyn sind die Bunkeranlagen der **Wolfsschanze** zweifellos ein starker touristischer Anziehungspunkt. Obwohl alle Bunker gesprengt wurden, werden sie jährlich von rund 200 000 Personen besucht.

HEILIGE LINDE

Wieder zurück in Kętrzyn, machen wir uns auf der 594 auf den Weg nach Westen zum zweiten Touristenmagnet der Region: zur bekanntesten polnischen **Wallfahrtskirche Heilige Linde** (Święta Lipka). Parkplätze gibt es vor und nach dem gleichnamigen, viel besuchten Wallfahrtsort.

Der Ort Heilige Linde geht auf einen heidnischen Kultplatz der Pruzzen zurück. Die Linde war das Symbol der Fruchtbarkeitsgöttin Puskaite. Eine Sage aus dem 14. Jahrhundert erzählt von einem Verurteilten, der eine aus Holz geschnitzte Figur des Jesuskindes anfertigte. Er hängte die Figur an eine Linde. Viele Wunder sollen sich in Folge um die Statue des Marienkindes ereignet haben. Die Jesuiten bauten schließlich im 17. Jahrhundert eine Kirche.

Der zweitürmige barocke Bau gilt als eine der prunkvollsten Kirchen Polens. Nicht nur Touristen, sondern Zehntausende von Pilgern besuchen jährlich diesen wichtigen Ort der Marienverehrung. Noch vor ein paar Jahren erstrahlte die Kirche in dem typischen Barock-Gelb. Nach der letzten Renovierung wurde sie jedoch wieder in den ursprünglichen roten Farben bemalt. Die berühmte Orgel aus dem 18. Jahrhundert verfügt über bewegliche Figuren und wird täglich mehrmals

Die Baslika św. Jerzego zeugt vom einstigen Reichtum der Stadt.

Die prächtige Orgel wird mehrfach täglich bespielt.

bespielt (www.ordensland.de/Heiligelinde/heiligelinde).

RESZELS BACKSTEINGOTIK

Der kleine Abstecher von Heilige Linde sieben Kilometer in das eher stille **Reszel** lohnt auf jeden Fall. Das Wohnmobil kann direkt vor der Burg parken. Die Altstadt mit Gebäuden der Backsteingotik gehört zu den besterhaltenen der Region. Schon 1241 wurde an der Stelle der heutigen Burg eine hölzerne Wehranlage der Ritter des Deutschen Ordens errichtet. Sie sollte den Handelsweg von der Ostsee nach Polen schützen.

Die ehemalige quadratische **Bischofsburg** wurde um das Jahr 1400 im Stil der Backsteingotik errichtet. In der Burg befinden sich heute ein Hotel und eine Galerie für zeitgenössische Kunst. Die katholische **Kirche Sankt Peter und Paul** aus dem 14. Jahrhundert zeigt eine herrliche Schmuckfassade der Backsteingotik. Um den Marktplatz mit dem Rathaus aus dem 19. Jahrhundert stehen hübsche Bürgerhäuser.

FERIENSTÄDTCHEN MRĄGOWO

Nun geht es über Święta Lipka zurück und weiter auf der 591 in südliche Richtung nach Mrągowo (Sensburg), wiederum ein wichtiges touristisches Zentrum in Masuren. In **Ruska Wieś**, zehn Kilometer vor Mrągowo, ist

Święta Lipka ist ein viel besuchter Wallfahrtsort.

der **Camping Seeblick** am Jezioro Sałęt Mały wohl einer der besten Campingplätze der Region. Er ist mit drei Sternen ausgezeichnet. Noch näher an Mrągowo, aber einsamer, liegt der **Camping Natur Masur** am Jezioro Juno.

In **Mrągowo** parken wir an einem der zwei Parkplätze am großen Kreisverkehr mitten in der Stadt, etwas ruhiger am kleinen Stadtweiher oder bewacht in der Nähe des Weihers (N 53°52'13.2" E 21°18'05.8"). Sieben Kilometer westlich von Mrągowo befinden sich zwei Campingplätze, der **Camping Lorsby** und der **Camping Haus am See**, natürlich wieder an masurischen Seen gelegen. Der **Camping Cezar** ist gegenüber von Mrągowo am See und der **Camping Ostoja Stara Baśń** am Jezioro Probarskie, acht Kilometer südöstlich von Mrągowo.

Mrągowo, das ehemalige deutsche Sensburg, liegt zwar schon östlich der Großen Masurischen Seen, ist aber dennoch ein angesagter Urlaubsort. Die Stadt mit der gut erhaltenen Altstadt ist von 18 Seen umgeben und bietet daher ein großes Betätigungsfeld für Feriengäste. Mrągowo ist auch ein Einkaufsstädtchen und besitzt nette Cafés, Ge-

KULTUR

MUZEUM CHATA MAZURSKA

Die ostpreußische Familie Dickti hat aus eigenem Bestand der Vorfahren und mit zugekauften Gegenständen ein ansehnliches Museum zusammengestellt, das die frühere Lebenswirklichkeit veranschaulicht. Sehenswert sind auch der gepflegte Garten und die Scheune mit den bäuerlichen Geräten auf der anderen Seite der Straße. Für Gruppen erzählt Frau Christel Dickti in herrlich unverfälschtem ostpreußischem Dialekt wahre Geschichten aus dem Leben und ostpreußische Witzchen. Auf Anmeldung gibt es Kaffee und Kuchen und für jeden ein gutes Wort.

Info: Familie Dickti, Sądry 3, 11-700 Mrągowo, Tel. +48 89 7423611, www.christel.com.pl

Die quadratische Bischofsburg in Reszel ist teilweise zugänglich.

Die Kirche św. Piotra i Pawła in Reszel zeichnet sich durch ihre Schmuckfassade aus.

schäfte, Restaurants und die beliebte Promenade am Jezioro Czos.

Mrągowos Geschichte reicht mindestens ins 14. Jahrhundert zurück, als nämlich der Deutsche Orden die Sensburg errichtete, eine hölzerne Burg, um die herum sich die Stadt allmählich entwickelte. Wahrscheinlich gab es hier auch schon früher eine Siedlung der Pruzzen, die Niederlassung mit dem Namen Sensburg ist aber erst ab dem ausgehenden 14. Jahrhundert belegt.

Mit einem Abstecher von 15 Kilometern auf der 59 von Mrągowo nach Osten erschließt sich das sehenswerte, private **Bauernhofmuseum** in Sądry.

IN DER URLAUBERHOCHBURG

Von Mrągowo fahren wir auf der 16 nach Osten. Ziel ist Masurens Urlaubshauptstadt **Mikołajki**, wo wir bestimmt nicht allein sind. Groß ist das Ferien-Infrastrukturangebot, auch für Camper. Entsprechend ist auch die Parkplatzsituation. Es bleibt nichts, als einen der kostenpflichtigen Parkplätze wie Mikołajki Parking Ulica Okrężna 25 oder den Großparkplatz Ulica Mrągowska, Wohnmobilstellplätze oder Campingplätze anzufahren. Nicht wenige Hausgärten ohne jegliche Struktur werden ebenfalls als Campingplatz angeboten und auch belegt.

Mikołajki (Nikolaiken) war einmal ein idyllisch zwischen dem Jezioro Tałty und dem

Jezioro Mikołajskie gelegenes Fischerdorf. Das brachte dem Ort den Beinamen »masurisches Venedig« ein. Der Ort wurde erstmals 1444 als Nickelsdorf erwähnt, benannt nach Sankt Nikolaus, dem Schutzpatron der Fischer. Heutzutage steigt in den Sommermonaten die Zahl der Bewohner von normalerweise nicht einmal 4000 um ein Vielfaches. Es gibt einen großen Jachthafen, Restaurants, Cafés, Geschäfte, Campingplätze, viele Busse, viele Menschen und viel Rummel.

Viele Besucher suchen die Figur des **Stinthengstes**, der unter der Brücke angebunden ist, denn nach der Sage ist der Stinthengst der König der Fische, der den Fischreichtum sichert. Jetzt sichern eher die vielen Touristen den Reichtum der Einwohner. Auch in Mikołajki legen die Ausflugsschiffe der **Weißen Flotte** an (www.zeglugamazurska.com.pl). An Architektur Interessierte besichtigen die **evangelische Kirche**, die nach Entwürfen von Karl Friedrich Schinkel im 19. Jahrhundert erbaut wurde.

In Mikołajki hat der Tourismus mit voller Wucht zugeschlagen. Das »Spießrutenlaufen« an vielfach sich gleichenden Fastfood-Buden, Döner-, Fritten- oder Pizza-Kiosken und Souvenirständen ist etwas zu viel des Guten an Urlaubsglück und wir entschwinden mit Beginn der Route 5 nach Süden in ruhigere Gegenden – zu russisch-orthodoxen Kirchen und Klöstern im herrlichen Masurischen Landschaftspark.

In Mikołajki legen die Schiffe der Weißen Flotte an.

Pferde gehören in Masuren zu dem normalen Landschaftsbild.

PRAKTISCHE HINWEISE

TOURIST-INFORMATIONEN

Tourist-Information Landschaftspark Suwałki
Malesowizna 24, 16-404 Malesowizna,
Tel. +48 87 5691801, www.spk.org.pl

Tourist-Information Giżycko
Ulica Wyzwolenia 2, 11-500 Giżycko,
Tel. +48 87 4285265,
www.gizycko.turystyka.pl

Tourist-Information Ekomarina Węgorzewo
Bulwar Loir et Cher 2, 11-600 Węgorzewo,
Tel. +48 87 4275400

Tourist-Information Mikołajki
Plac Wolności 7, 11-730 Mikołajki,
Tel. +48 87 4216850

CAMPING- UND STELLPLÄTZE

Campingplatz am Jezioro Pobondzie
Links der 655, 1,5 km vor dem Kreisverkehr in Rutka-Tartak, 16-406 Rutka-Tartak
GPS-Daten: N 54°18'43.7" E 22°57'28.2"
Wiesenplatz in schöner Hanglage direkt am See mit Picknicktischen und großer Rutschbahn in den See. Restaurant zwei Kilometer weiter in Rutka-Tartak. Keine Einkaufsmöglichkeit.

Der herrliche Strand am Campingplatz Jezioro Pobondzie

Camping Słoneczny Zakątek (Sonnenecke)
Ulica Stadionowa 12, 19-500 Gołdap,
Tel. +48 87 6150641
GPS-Daten: N 54°19'15.4" E 22°20'13.3"
Wiesenplatz unter einzelnen Bäumen direkt am Jezioro Gołdap mit Steg, Strand und Bootsverleih. Drei Kilometer in das Zentrum von Gołdap mit Restaurants und Geschäften, 800 Meter zum Gradierwerk.

Campingplatz Restaurant Olecki
Ulica Gołdapska 32, 19-400 Olecko,
Tel. +48 692 345890,
www.gosciniecolecki.pl
GPS-Daten: N 54°03'31.8" E 22°29'25.0"
Der Wiesenplatz liegt am Nordende des Jezioro Olecko Wielkie neben dem Restaurant Olecki in einem masurischen Holzhaus an der Kreuzung der 653 und 660. Vier Kilometer bis zum Zentrum von Olecko mit Geschäften und weiteren Restaurants.

Camping Hotel Folwark Łękuk
Ulica Łękuk Mały 8, 11-510 Wydminy,
Tel. +48 600 931848, www.folwarklekuk.pl
GPS-Daten: N 54°03'15.5" E 22°08'29.4"
Wiesenplatz am Jezioro Łękuk, 33 Kilometer westlich von Olecko. Restaurant, eigener Strand und Badesteg, Bootsverleih, Grillplatz. Einkaufsmöglichkeit zwei Kilometer entfernt.

Camping Zamek
Ulica Świętego Brunona, 11-500 Giżycko,
Tel. +48 87 4283438
GPS-Daten: N 54°02'01.4" E 21°45'35.7"
Zentral gelegener Wiesenplatz südlich des Deutschorden-Schlosses am Lötzener

Kanal. Bootsverleih und Ausflugsfahrten. Zu Fuß 600 Meter in das Zentrum mit Geschäften und weiteren Restaurants.

Camping LOK
Ulica Świętego Brunona 4, 11-500 Giżycko, Tel. +48 87 4282530, www.lokgizycko.pl
GPS-Daten: N 54°02'00.8" E 21°45'36.8"
Platz an einem Sportboothafen neben dem Lötzener Kanal. Restaurant, Bootsverleih und kleiner Badeplatz. Etwa 700 Meter zu Fuß in das Zentrum mit Geschäften und weiteren Restaurants.

Camping Borowo
Ulica Bystry 2A, 11500 Giżycko, Tel. +48 505 105 429, www.campingborowo.pl
GPS-Daten: N 54°01'18.6" E 21°48'29.8"
Kleiner Wiesenplatz südöstlich von Giżycko an der 63, Restaurant, Badesteg und Strand. Vier Kilometer zu Fuß in das Zent-rum mit Geschäften und weiteren Restaurants.

Stellplatz Ekomarina
Ulica Dąbrowskiego 14A, 11-500 Giżycko (im Hafen), Tel. +48 50 607806, www.ekomarinagizycko.pl
GPS-Daten: N 54°01'54.3" E 21°46'25.6"
Zentraler Platz am Hafen und an der Bahnlinie. Ein Kilometer zu Fuß in das Zentrum mit Geschäften und Restaurants. Badestrand mit Restaurants in 700 Metern Entfernung.

Camping Stranda
Ulica Pierkunowo 36, 11-500 Giżycko, Tel. +48 501 122610, www.stranda.pl
GPS-Daten: N 54°02'35.9" E 21°44'18.8"
Der Platz liegt an einem Jachthafen am Jezioro Kisajno mit Restaurant, abgetrenntem Strandbad und Bootsverleih. Drei Kilometer in das Zentrum von Giżycko mit guten Einkaufsmöglichkeiten und Restaurants.

Camping Szekla
Strzelce, 11-500 Wilkasy, Tel. +48 87 4280177, www.campingszekla.pl
GPS-Daten: N 53°59'10.1" E 21°45'41.6"
Schöner, ruhig gelegener Platz an der 643 am Westufer des Jezioro Niegocin, neun Kilometer von Giżycko entfernt. Restaurant, Bootsverleih und eigener Strand. Neben diesem liegt noch ein etwas kleinerer Campingplatz. Hier führt die Green-Velo-Route vorbei (www.greenvelo.pl).

Camping Elixir Hotelik
Guty 9, 11-500 Giżycko, Tel. +48 87 4282826,

Am Camping Sunnycamp

www.elixirhotel.com
GPS-Daten: N 54°02'12.9" E 21°41'53.0"
Schöner Wiesenplatz am Jezioro Kisajno mit Restaurant, Bootsverleih, Grillplatz, eigenem Strand und Badesteg. Sieben Kilometer westlich von Giżycko mit weiteren Restaurants und Einkaufsmöglichkeiten.

Camping Sunnycamp
11-610 Pozezdrze, Tel. +48 693 625 601, www.sunnycamp.com.pl
GPS-Daten: N 54°06'48.2" E 21°46'32.4"
Versteckt liegender Platz auf einer Waldwiese am Ostufer des Jezioro Dargin, neun Kilometer westlich von Pozezdrze mit Einkaufsmöglichkeit. Elf Kilometer vom Schloss Sztynort enfernt.

Camping Sonata
Harsz Kolonia 40, 11610 Pozezdrze, Tel. +48 515 255 771, www.masuren-campingplatz.de
GPS-Daten: N 54°08'48.6" E 21°44'54.7"
Schöner Wiesenplatz am Jezioro Dargin mit eigenem Strand und Steg, kleinem Restaurant, Grillplatz und Bootsverleih. 21 Kilometer nördlich von Giżycko und fünf Kilometer vor Sztynort.

Camping Rusałka
Ulica Leśna 4, 11-600 Węgorzewo, Tel. +48 87 4272191, www.cmazur.pl
GPS-Daten: N 54°11'12.5" E 21°46'20.2"
Schöner Platz, teilweise parzelliert, am Jezioro Święcajty mit Strand und Bootsverleih. Fünf Kilometer in das Zentrum von Węgorzewo mit Einkaufsmöglichkeiten und weiteren Restaurants.

Blick auf den Campingplatz Seeblick in Ruska Wieś

Camping Seeblick
Ruska Wieś 1, 11-700 Mrągowo, Tel. +48 89 7413155, www.campingpension.de
GPS-Daten: N 53°56'34.7" E 21°19'11.9"
Sehr guter, weitläufiger, terrassierter Wiesenplatz am Jezioro Salęt Mały mit Badestrand, Bootsverleih und Restaurant auf Bestellung. Etwa 15 Kilometer vor Mrągowo mit Einkaufsmöglichkeiten und weiteren Restaurants.

Camping Natur Masur
Kiersztanowo 1, 11-700 Polska Wieś, Tel. +48 89 7410096
GPS-Daten: N 53°55'15.9" E 21°16'41.6"
Großer geneigter Wiesenplatz mit Badesteg am Jezioro Juno, acht Kilometer nördlich von Mrągowo. Zufahrt über erträgliche Sandstraße. Keine Einkaufsmöglichkeit und kein Restaurant.

Camping Lorsby
Nowe Bagienice 16, 11-700 Nowe Bagienice, Tel. +48 89 7428263, www.lorsby.pl
GPS-Daten: N 53°50'22.9" E 21°12'27.9"
Wiesenplatz mit Baumbestand am Jezioro Sarż, acht Kilometer westlich von Mrągowo. Durch gering befahrene Bahnlinie vom See getrennt. Badebuchten und Badestege. Keine Einkaufsmöglichkeit und kein Restaurant. Geschäfte und Restaurants in Mrągowo.

Camping Haus am See
Janowo 1, 11-731 Sorkwity, Tel. +48 89 7428246, www.masuren-ferienwohnung.de
GPS-Daten: N 53°50'05.2" E 21°12'10.0"
Wiesenplatz am Jezioro Janowskie, acht Kilometer westlich von Mrągowo. Badesteg, Grillplatz, Boots- und Fahrradverleih. Keine Einkaufsmöglichkeit, jedoch Essen auf Vorbestellung.

Camping Cezar
Ulica Jaszczurcza Góra 1/6,

Erholung am Campingplatz Seeblick am Jezioro Salęt Mały

11-700 Mrągowo, Tel. +48 89 7412533, www.mazurylatem.pl/cezar
GPS-Daten: N 53°52'33.4" E 21°19'00.5"
Wiesenplatz am Jezioro Czos gegenüber von Mrągowo. Parzellierte Stellplätze, abgeteiltes Strandbad an der Ekomarina. Die wenig befahrene Straße liegt zwischen dem Campingplatz und Strand. Restaurant in 300 Metern Entfernung. 800 Meter bis zu einem großen Supermarkt, zwei Kilometer in das Zentrum von Mrągowo mit Einkaufsmöglichkeiten und weiteren Restaurants.

Camping Ostoja Stara Baśń
Kosewo 90, 11-700 Kosewo,
Tel. +48 89 7424521,
www.mazurylatem.pl/starabasn
GPS-Daten: N 53°49'49.8" E 21°23'00.1"
Schöner Wiesenplatz am Jezioro Probarskie, acht Kilometer südöstlich von Mrągowo, mit eigenem Strand, Badesteg und Restaurant. Weitere Restaurants in der Nähe. Einkaufsmöglichkeit in 400 Metern Entfernung.

Camping KamA
Tałty 36, 11-730 Mikołajki,
Tel. +48 87 4216575, www.kama.mazury.pl
GPS-Daten: N 53°50'39.2" E 21°33'33.8"
Wiesenplatz fünf Kilometer nördlich von Mikołajki am Jezioro Tałty. Restaurant, Badeplatz und Steg.

Camping Wagabunda
Ulica Leśna 2, 11-730 Mikołajki,
Tel. +48 87 4216018,
www.wagabunda-mikolajki.pl
GPS-Daten: N 53°47'43.8" E 21°33'53.5"
Gepflegter Wiesenplatz zwischen Bäumen, nur 500 Meter von der Uferpromenade des Jezioro Mikołajskie entfernt. Ein Kilometer in das Zentrum von Mikołajki mit Restaurants und Einkaufsmöglichkeiten.

Camperplatz Mikołajki
Ulica Papieża Jana Pawła II,
11-730 Mikołajki, Tel. +48 74 219845
GPS-Daten: N 53°48'10.8" E 21°34'27.0"
Der Hotelparkplatz fungiert auch als Wohnmobilstellplatz und ist gut für eine Besichtigung von Mikołajki geeignet.

Camper Park Aparthotel Mikołajki
Plac Handlowy 7, 11-730 Mikołajki,
Tel. +48 87 4219845,
www.aparthotelmikolajki.pl/camper-park1
GPS-Daten: N 53°48'08.7" E 21°34'28.2"
Der Hotelparkplatz ist auch Wohnmobilstellplatz und gut für eine Besichtigung von Mikołajki geeignet.

5 AM OBERLÄNDER KANAL ZUR BERNSTEINSTADT

Von Masuren nach Danzig

Die Reise führt zunächst nach Olsztyn, das eine ganze Reihe von Sehenswürdigkeiten bietet. Wichtigstes historisches Bauwerk ist die Burg des Deutschen Ritterordens aus dem 14. Jahrhundert, heute Sitz eines Museums mit Kopernikus-Ausstellung. Das landschaftlich reizvolle Ermland liegt im westlichen Masuren. Berühmt ist der Oberländer Kanal, der von Ostróda über das historische Elbląg zur Ostsee führt. Pasłęk, das »ostpreußische Rothenburg«, ist ein oft übersehenes Kleinod der Backsteingotik. Danzig schließlich war einst die reichste Stadt des Mittelalters und ist heute das wiederhergestellte Tor Polens, die traumhafte Bernsteinstadt.

Auf der Brücke über die Łyna

Von Mikołajki auf der 609 kommend und ab Utka auf der 610 erreichen wir **Ruciane-Nida** am langgestreckten, verzweigten Jezioro Nidzkie im Masurischen Landschaftspark. Daher ist Ruciane-Nida eine Hochburg des Wassersports. Im modernen Ort wird einfach in der Hauptstraße ulica Gałczyńskiego vor den Geschäften geparkt. Der Campingplatz **Ośrodek Turystyki Wodnej** befindet sich auch im Ort. In Ruciane-Nida legen die Schiffe der Weißen Flotte (www.zeglugamazurska.com.pl) an.

ORTHODOXE KIRCHEN UND KLÖSTER

Die Gegend um Ruciane-Nida ist bekannt für die Siedlungen der Philipponen, deren Spuren noch besonders in Wojnowo zu finden sind. Die Philipponen folgen einer Glaubensrichtung der priesterlosen Altorthodoxen, die auf den russischen Mönch Philipp zurückgeht. Im russischen Kaiserreich wurden die Philipponen verfolgt. Daraufhin ließen sie sich im damals ostpreußischen Masuren nieder. Unter den Altorthodoxen galten sie als die radikalste und fundamentalistischste Gruppe, da sie den Eid und das Gebet für den Zaren ablehnten und in ihrem Radikalismus sogar bis zur Heil suchenden Selbstverbrennung gingen. Im Verlauf des 19. Jahrhunderts näherten sich ihre religiösen Ansichten denen der gemäßigteren altorthodoxen Gruppen an.

Nach **Wojnowo** (Eckertsdorf) kommen wir auf der 58 nach Westen und in einem kleinen Abstecher nach Norden. Es lohnt, durch das Dorf zu fahren, denn es besteht aus meist alten, mit Schnitzwerk geschmückten Holzhäusern. Wer hier länger in der Gegend bleiben möchte, geht auf den **Campingplatz przy klasztorze** (im Kloster) am Jezioro Duś.

Wojnowo ist ein Dorf der aus Russland stammenden Altgläubigen. Die im Jahr 1840 gebaute **Kirche mit Kloster** im Norden des Dorfes und das **Kloster am See** spiegeln die russische Seele.

IM NATURRESERVAT KRUTYNIA

Wieder auf der 58 nach Westen und einen Abstecher nach Norden, dann sind wir in **Krutyń**, Ausgangspunkt für eine der schönsten

ROUTE 5

START- UND ENDPUNKT
Mikołajki und Gdańsk

STRECKENLÄNGE
430 km

FAHRZEIT
5 bis 6 Tage

BESTE JAHRESZEIT
Juni bis September

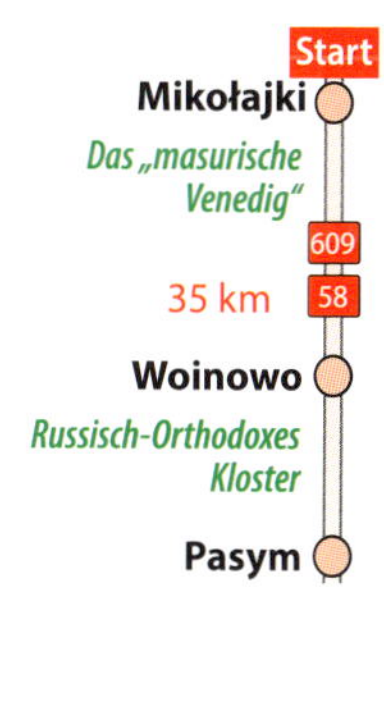

Die Holzhäuser in Wojnowo tragen geschnitzte Verzierungen.

Die Holzkirche der Altgläubigen in Wojnowo

und bekanntesten Kajak- oder Bootstouren Polens. In Krutyń gibt es einige Kajak- und Bootsvermietungen, die auch einen großen Parkplatz für das Wohnmobil haben. Einen richtigen Campingplatz gibt es in Krutyń bislang nicht. Aber Hunderte von Kajaks warten auf den Einsatz. Das gesamte Dorf scheint von den geführten Bootstouren und von der Bootsvermietung zu leben. Der Besuch von Krutyń ist daher eher in der Nebensaison zu empfehlen.

Eine **Kajaktour** auf der sanften Krutynia im gleichnamigen Naturreservat lohnt auf jeden Fall. Von kurzen Touren bis zu Mehrtagesunternehmungen über 100 Kilometer, von geführten Ausflügen bis zu Fahrten im gemieteten Kajak mit Rücktransport – alles ist möglich. Von Krutyń aus starten auch ein paar **Naturlehrpfade**, angelegt als Rundwanderwege, zum Beispiel in das Torfmoorgebiet Zakręt mit drei Kilometern Länge oder in den Kiefernwald am Jeziore Mokre mit acht Kilometern Länge (Karte siehe Info-Tafel in der Dorfmitte).

ALLENSTEINER SEENPLATTE

Wieder auf der 58 fahren wir nach Westen über Szczytno, dann auf der 53 in Richtung Pasym. Hier sind wir in der Allensteiner Seenplatte mit einigen Campingplätzen und finden eine viel ruhigere Gegend als in den touristischen masurischen Hochburgen vor. Vor Pasym liegen fast an der Strecke der **Camping Ochenkowska** am Jezioro Gromskie und der **Camping Starczak** am Jezioro Leleskie.

Pasym (Passenheim) liegt mitten in der Allensteiner Seenplatte am Jezioro Kalwa. Am Marktplatz mit dem burgähnlichen Rathaus kann geparkt werden. Etwa 100 Meter nach Südwesten steht am See die denkmal-

KULTUR

DAS KLOSTER DER ALTGLÄUBIGEN

Die Anfänge der Klostergeschichte reichen in das Jahr 1836 zurück, als der Mönch Rastropin am Jezioro Duś eine Einsiedelei gründete. Die Gründung des Klosters, das eine Abteilung des Klosters der Altgläubigen in Moskau darstellte, erfolgte 1847. Immer wieder flüchteten sich in Russland verfolgte Altgläubige in das Kloster bei Wojnowo. Der letzte Prior ging nach Russland und trat dem orthodoxen Ein-Gott-Glauben bei. Das Kloster am Jezioro Duś verfiel zunächst, wurde aber dann in ein Frauenkloster umgewandelt. Die bis zu 25 Nonnen kümmerten sich um Kranke und arbeiteten auf den Feldern des Klosters. 2006 starb die letzte Nonne. Heute ist das Kloster ein religiöses Denkmal. Am Kloster beginnt ein 17 Kilometer langer Rundwanderweg, der zu kulturellen Stätten der Altgläubigen führt.

Der Jezioro Gromskie ist von einem Schilfgürtel umgeben.

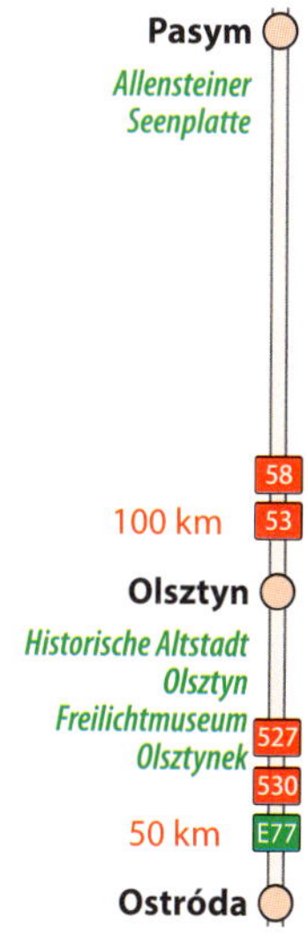

geschützte evangelische Kirche aus dem 14. Jahrhundert.

Vor Olsztyn findet sich an der 53 ein Parkplatz (N 53°40'08.1" E 20°42'18.7") mit Zugang in das Reservat am **Jezioro Kośno**, ein naturbelassener, fünf Kilometer langer See, der umwandert werden kann (Karte siehe Info-Tafel am Parkplatz). Der **Jezioro Skanda** liegt mit zehn weiteren Seen schon im Stadtgebiet von Olsztyn und ist ein beliebter Naherholungssee der Bevölkerung. Schön ist dort ein kleiner Parkplatz an der Strecke der 53 mit dem Strand Plaża Piaszczysta, zudem gibt es einen größeren Parkplatz mit Badeplatz.

GRÖSSTE STADT IN MASUREN-ERMLAND

Olsztyn (Allenstein) ist mit 170 000 Einwohnern nicht nur die größte Stadt und Verwaltungszentrum in Masuren-Ermland, sondern sie bietet eine ganze Reihe von Sehenswürdigkeiten der Backsteingotik, unter anderem die Burg des Deutschen Ritterordens aus dem 14. Jahrhundert.

In der Stadt parken wir südlich der Altstadt auf dem Parkplatz in der ulica Niepodległości, der allerdings für Fahrzeuge über 3,5 Tonnen gesperrt ist und nur für Wohnmobile bis sechs Meter Länge geeignet ist. Nörd-

Die kuriose Sonnenuhr am Alten Rathaus zeigt die Zeit um die Ecke an.

Am Alten Marktplatz stehen Häuser mit Laubengängen und Verzierungen in Sgraffito-Technik.

lich der Altstadt mag das mit längeren Fahrzeugen auf dem Parkplatz in der ulica Feliksa Nowowiejskiego eher gelingen. Außerdem gibt es da noch die Campingplätze westlich von Olsztyn am **Jezioro Ukiel** mit Stadtbussen in der Nähe. An der 527, ebenfalls im Westen und verkehrstechnisch günstiger, befinden sich das Hotel Kur und das Hotel Pirat mit Campingplätzen. Der **Camping Herkus** liegt elf Kilometer nordwestlich von Olsztyn.

Olsztyns historischer Stadtkern wurde nach dem Zweiten Weltkrieg neu errichtet. Vom südlich der Altstadt gelegenen Parkplatz in der ulica Niepodległości kommen wir nach Nordwesten in die kleine **ulica Górna**, die mit einer Treppe endet. Oben gehen wir rechts auf der ulica Prosta über das Flüsschen Łyna. Geradeaus erreichen wir das **Alte Rathaus** auf dem **Alten Marktplatz** (Stare Miasto). Rund um den Markt stehen alte Bürgerhäuser

KULTUR

WECHSELVOLLE GESCHICHTE

Olsztyn wurde 1353 unter dem Namen Allensteyn vom ermländischen Domkapitel gegründet. Zugleich begann man mit dem Bau einer Burg. 1516 bis 1519 bekleidete der als Astronom bekannt gewordene ermländische Domherr Nikolaus Kopernikus das Amt des Verwalters. Die Stadt kam als Teil des Ermlandes 1772 zum Königreich Preußen. Der Friedensvertrag von Versailles bestimmte nach dem Ersten Weltkrieg die Durchführung einer Volksabstimmung über den Verbleib bei Deutschland oder einen Anschluss an Polen. Eine überwältigende Mehrheit von 98 Prozent stimmte für den Verbleib in Deutschland. Die jüdische Gemeinde Allensteins wurde in der Zeit des Nationalsozialismus eliminiert. Am 22. Januar 1945 nahmen sowjetische Truppen die Stadt ein. Dabei wurden durch Brandstiftung 1040 Häuser zerstört. Allenstein wurde in Olsztyn umbenannt und die deutschen Einwohner wurden aus der Stadt vertrieben.

mit ihren charakteristischen Laubengängen. Viele Häuser sind verziert mit Medaillons in Sgraffito-Technik. Die Medaillons stellen unter anderem die Portraits von Nikolaus Kopernikus und des masurischen Volksdichters Michał Kajka dar.

Nach dem Alten Rathaus, in dem heute eine Bibliothek untergebracht ist, laufen wir in der ulica Zamkowa links zur **Ordensburg** aus dem 14. Jahrhundert. Vor der Burg steht rechts die **Statue des Nikolaus Kopernikus**, der von 1516 bis 1520 in der Burg wohnte. Er war Verwalter der Besitztümer des Ermländer Kapitels. In der Burg befindet sich auch das Museum für Ermland und Masuren mit archäologischen, ethnografischen und naturwissenschaftlichen Ausstellungsstücken und mit einer Abteilung über Nikolaus Kopernikus (www.muzeum.olsztyn.pl).

Zurück am Marktplatz, wenden wir uns links in die ulica Staromiejska mit den schönen Geschäften und Restaurants. Am Ende der Straße gehen wir durch das **Hohe Tor**, eines der Wahrzeichen von Olsztyn. Das Hohe

In der Ordensburg wohnte eine Zeit lang Nikolaus Kopernikus.

SPECIAL

SGRAFFITO-TECHNIK

Die Sgraffito-Technik entstammt der Zeit der Renaissance Italiens. Im 16. Jahrhundert wurde sie von italienischen Baumeistern in den deutschen Sprachraum gebracht. Beispiele finden sich bis heute an historischen Gebäuden in Bayern, Schweiz, Österreich, Thüringen und Sachsen. Nicht so alt, aber weltberühmt sind die herrlichen Sgraffito-Fassaden der Häuser auf der griechischen Insel Chios. »Sgraffito« leitet sich von dem italienischen Verb »sgraffiare« ab, was so viel wie »kratzen« bedeutet. Nach dem Auftragen verschiedenfarbiger Putzschichten werden Teile der oberen Putzschicht abgekratzt und dadurch Teile der unteren Putzschichten freigelegt, sodass durch den Farbkontrast ein Bild entsteht. Bei dieser Technik muss schnell gearbeitet werden, um dem Abbinden der Putzschichten zuvorzukommen.

Hic Tibi cum Signis spectantur Nodus & Vmbra
Quæ tria quid doceant commemorare libent:
Vmbra notat dextra quota cursitet hora diei
Hincque monet vitam sic properare tuam.
Ast in quo signo magni lux publica mundi
Versetur mira nodulus ante docet
Si vis scire dies, quot quilibet occupat horas.
In medios media sede locatos habes
COPERNICUS

EINDRÜCKE QUER DURCH POLEN

Bilder Seite 108
Links oben: Die Sonnenuhr wurde von Nikolaus Kopernikus mitgestaltet.
Rechts oben: Fertig zum Stadtspaziergang
Unten: Noch vor einigen Jahren war die Kirche Heilige Linde in Barock-Gelb gehalten.

Bilder Seite 109
Oben: Die Jakobskathedrale ist die größte Kirche Stettins.
Mitte: Im Łazienki-Park in Warschau
Unten: Auch der Königspalast trägt anschauliche Statuen.

Nikolaus Kopernikus sitzt vor der Ordensburg.

Tor nahe des alten Fischmarkts war einst Teil der alten Stadtmauer, die ebenfalls im 14. Jahrhundert errichtet wurde. Nördlich des Hohen Tores ist ein Viertel mit einigen **Jugendstil-Villen** und dem neuen Rathaus aus dem Beginn des 20. Jahrhunderts. Eine beispielhafte Villa, die den Reichtum jener Zeit widerspiegelt, steht an der Ecke ulica Mrongowiusza und ulica Dąbrowszczaków.

Wieder zurück am Marktplatz, laufen wir links in der ulica Świętej Barbary zur spätgotischen **Jakobus-Kathedrale** aus dem 14. Jahrhundert mit dem 70 Meter hohen Turm.

30 Kilometer südlich von Olsztyn befindet sich das **Muzeum Budownictwa Ludowego – Park Etnograficzny w Olsztynku**, ein interessantes ethnografisches Freilichtmuseum. Das Museum wird von 74 historischen Gebäuden aus der Woiwodschaft Ermland-Masuren gebildet. Zu sehen sind die traditionellen Arbeits- und Lebensweisen auf dem Lande im 19. und 20. Jahrhundert (ul. Leśna 23, 11-015 Olsztynek, www.muzeumolsztynek.com.pl).

WO SCHIFFE ÜBER DIE HÜGEL FAHREN

Die 527 verläuft von Olsztyn genau nach Westen. In Pelnik, etwa auf halber Strecke zwischen Olsztyn und Ostróda, ist am **Jezioro Isąg** ein **Campingplatz** in ruhiger Lage. Wegen eines **Aussichtspavillons** im Jezioro Isąg ist ein Rastplatz an der 527 vor Łukta sehr interessant. Der See ist reich an Wasservögeln, die vom Pavillon aus beobachtet werden können.

In Łukta wenden wir uns auf der 530 in südwestliche Richtung nach Osterode. Neun Kilometer vor Osterode befindet sich am

KULTUR

KOPERNIKUS, GALILEI UND DIE KIRCHE

Nikolaus Kopernikus kam als Sohn eines aus Krakau stammenden Kaufmanns 1473 in Thorn zur Welt. Er studierte in Bologna, Rom, Padua und Ferrara. Dass sich die Erde um die Sonne dreht und nicht umgekehrt, ist eine Erkenntnis, die wir Nikolaus Kopernikus verdanken. Er sorgte im 16. Jahrhundert für den Umsturz des bisherigen Weltbildes. In einem Kirchenprozess setzte die katholische Kirche sein Buch auf den Index verbotener Schriften. Selbst Martin Luther äußerte sich kritisch über die These des Kopernikus: »Der Narr will mir die ganze Astronomia umkehren!« Erst 1835 wurden die Schriften des Kopernikus wieder vom Index genommen. Galileo Galilei (1564–1642) griff das kopernikanische Weltbild auf und musste vor einem Inquisitionsgericht die These widerrufen. Der Legende nach soll Galilei beim Verlassen des Gerichts die Worte gesagt haben: »Und sie bewegt sich doch!«

Schiffshebewerk, Oberländischer Kanal in Ostróda

Nordende des Jezioro Szeląg der **Campingplatz Zakątek**. Die Einfahrt führt allerdings so scharf nach links, dass sie selbst mit einem normalen Pkw nicht zu schaffen ist. Also bei Bedarf weiterfahren und nach 250 Metern sicher umkehren.

In **Osterode** kann direkt an der Ordensburg oder am Marktplatz geparkt werden. Der **Campingplatz Przystań** und auch zwei andere liegen direkt am Jezioro Drwęckie in Osterode, aber auch ungünstig an der Bahnlinie. Der Camping Kątno hat eine ruhige Lage am Jezioro Szeląg, zwölf Kilometer östlich von Osterode.

Osterode entstand mit der Ordensburg im 13. Jahrhundert. Am Ende des Zweiten Weltkrieges wurde Osterode von der Roten Armee eingenommen und die Stadt durch

SPECIAL

DER OBERLÄNDISCHE KANAL

Seine wirtschaftliche Bedeutung hat der Oberländische Kanal schon lange verloren. Allerdings ist er heute eine große Attraktion für Touristen. Mitte des 19. Jahrhunderts wurde der Kanal zum Transport von Holz und Waren gebaut. Der Kanał Elbląski ist 81 Kilometer lang und überwindet dabei einen Höhenunterschied von 100 Metern. Durch den Kanal verkürzte sich der Transport von Holz und landwirtschaftlichen Produkten aus dem Oberland zu den Ostseehäfen um das Fünffache. Fahrten auf dem Kanal bietet heute die Ostróda-Elbląg-Reederei von April bis Oktober an. Die längste der Touren dauert 4,5 Stunden.

Info: Żegluga Ostródzko-Elbląska, ul. Mickiewicza 9a, 14-100 Ostróda, Tel. +48 89 6709217, www.zegluga.com.pl

Parken direkt an der Ordensburg in Osterode

Brandstiftung der sowjetischen Soldaten zu 70 Prozent zerstört. Das Interessanteste an Osterode ist der Startpunkt des **Oberländischen Kanals** (Kanał Elbląski), der die Stadt mit der Ostsee verbindet. Schön ist es in Osterode an der **Strandpromenade** und an der Mole am Jezioro Drwęckie. Mit diesem See beginnt nach Westen die **Eylauer Seenplatte** oder Westmasurische Seenplatte. Viele große und kleine Seen sind durch Kanäle und Flüsse miteinander verbunden und bieten gute Wassersportmöglichkeiten.

In **Miłomłyn**, 14 Kilometer nördlich von Osterode und unweit von der E 77, ist ein größerer Parkplatz, von dem aus die Schleusung der Schiffe beobachtet werden kann (N 53°45'46.4" E 19°49'18.2"). Noch interessanter sind natürlich die fünf Stellen, an denen die Schiffe über die Berge gezogen werden. Beim weiter nördlich gelegenen **Kąty** an

SPECIAL

DIE FÜNF ROLLBERGE

Wie kommen die Schiffe über die Hügel? Kurz gesagt: Sie werden auf Rollwagen über die Hügel gezogen. Der Höhenunterschied von 100 Metern von der Ostsee bis Ostróda hätte 32 teure Schleusen erforderlich gemacht. Also wurden an den sogenannten schiefen Ebenen je zwei parallele Schienen verlegt. Zwei Rollwagen sind oben mit einem Seil verbunden, sodass zugleich ein Wagen nach oben und ein Wagen entgegengesetzt nach unten fährt. Oben ist ein Maschinenhaus, in dem das Seil durch ein unterschlächtiges Wasserrad angetrieben und umgelenkt wird. Ein relativ schwacher Elektromotor hilft dabei. Die sogenannten Rollberge gehören zum Kanalsystem des Oberländischen Kanals, dessen Bau 30 Jahre dauerte und für das 19. Jahrhundert eine technische Meisterleistung war. Der Kanal steht als technisches Denkmal unter Denkmalschutz.

der 526 ist eine solche Stelle mit einem Parkplatz davor (N 53°58'37.9" E 19°37'11.9"). Noch besser ist es aber, den 300 Meter weiter nördlich gelegenen **Wohnmobilstellplatz** mit Picknickbänken anzufahren, dort auch gleich zu übernachten und das Geschehen in Ruhe anzuschauen.

Unser nächstes Ziel ist Pasłęk, das »ostpreußische Rothenburg«. Wenn wir auf der 527 nach Pasłęk fahren, kommen wir bei **Jelonki** noch einmal an einer sogenannten schiefen Ebene vorbei, an der Schiffe über die Hügel fahren (N 54°02'14.9" E 19°34'29.4").

HANDELSSTADT UND PATERNOSTERMACHER

In der Stadt der Backsteingotik **Pasłęk** (ehemals Preußisch Holland) finden wir einen Parkplatz in der Altstadt. Bis 1945 besaß die Stadt einen der besterhaltenen historischen Stadtkerne in Ostpreußen. Im Zweiten Weltkrieg wurde die historische Bausubstanz weitgehend zerstört. Die wichtigsten Gebäude wurden jedoch rekonstruiert und wieder aufgebaut. Sie sind leicht zu finden, denn die Altstadt ist überschaubar. Zu den Sehenswürdigkeiten zählen Reste der **Stadtmauer**, die **Ordensburg** aus dem 13. Jahrhundert, das **Steintor**, die **St.-Bartholomäi-Kirche** (św. Bartłomieja) aus dem 14. Jahrhundert, die **St.-Georgs-Kirche** (św. Jerzego) aus dem 16. Jahrhundert und das gotische **Rathaus** aus dem 14. Jahrhundert. Der Giebel des Rathauses trägt wegen Umgestaltungen im 15. und 16. Jahrhundert Züge der Renaissance.

Von Pasłęk nach Elbląg benutzen wir die schnelle E 77 und parken in Elbląg auf den freien Flächen nördlich der Kathedrale. Im Stadtgebiet liegt am Fluss Elbląg, zugleich Kanal Elbląski, auch der Campingplatz **Bogusława Sieczka**.

Elbląg (Elbing) hat durch den Oberländer Kanal schnellen Zugang zur Ostsee. Sehenswert ist die gotische **Kathedrale St. Nikolaus**, die allerdings im 18. Jahrhundert verändert wurde. In der modernen Stadt, die im Zwei-

Die St.-Bartholomäi-Kirche ist ein typisches Beispiel der Backsteingotik.

Blick über die Nogat auf die Mittelburg der Marienburg

ten Weltkrieg großen Schaden nahm, sind noch einige erhaltene oder wiederaufgebaute Bürgerhäuser mit gotischen, Renaissance- und barocken Ornamenten zu finden. Wesentlich sind noch das **Markttor** aus dem frühen 14. Jahrhundert und die **Kirche zur Heiligen Jungfrau Maria** aus dem 13.–16. Jahrhundert. Die Stadtmauer aus dem 13. Jahrhundert ist nur noch in Fragmenten erhalten.

GRÖSSTE BACKSTEINBURG DER WELT

Auf einer Reise durch das nördliche Polen kann **Marienburg** (Malbork) nicht ausgespart werden und so fahren wir von Elbląg auf der 22 in südwestliche Richtung nach Malbork. Auf halber Strecke kommen wir in das Gebiet der **Województwo pomorskie** (Woiwodschaft Pommern). Dies ist die historische Landschaft Pommern mit der Hauptstadt Danzig. In dieser Gegend finden sich schier endlose Sandstrände der Ostseeküste mit wüstenartigen Sandmeeren der Dünen. Die Halbinsel Hel und die Frische Nehrung sind durch die Tätigkeit von Wind und Wellen aus Sand entstanden. Auch die Kaschubische Schweiz mit der großen Seenplatte, die ein verzweigtes Netz von Wasserwegen bildet, liegt in der Woiwodschaft Pommern.

Nahe der Marienburg gibt es einige gebührenpflichtige Parkplätze und nördlich der Burg den gut ausgestatteten **Campingplatz Nogat**. Westlich des Flusses Nogat sind weitere Parkplätze und auch der **Campingplatz**

KULTUR

PREUSSISCH HOLLAND

Pasłęks seltsamer deutscher Name Preußisch Holland bezog sich auf die holländischen Siedler, die die Stadt gründeten. Die Umgebung Pasłęks, die Elblinger Niederung, liegt bis zu zwei Meter unter dem Meeresspiegel. Daher ergibt sich von Pasłęk auch eine schöne Aussicht in die Umgebung, weil die Stadt auf einer Anhöhe liegt. Zum Deichbau holte der Deutschorden Ende des 13. Jahrhunderts holländische Fachleute ins Land und die Ansiedlung erhielt den Namen Preußisch Holland. Die Einwanderer bauten die Stadt zu dem mittelalterlichen »ostpreußischen Rothenburg« aus. So sind an den Gebäuden auch holländische Merkmale zu finden. Heute hat die beschauliche Stadt 12 000 Einwohner.

Ansicht von Osten auf Kapelle und Pfaffenturm

Nad Stawem mit Blick auf die Burg. Eine Fußgängerbrücke bringt die Besucher über die Nogat zur Marienburg.

Die **Marienburg** ist das größte Bauwerk der Backsteingotik überhaupt und heute UNESCO-Weltkulturerbe. Die Befestigungsanlagen erstrecken sich über eine Fläche von 20 Hektar. Im 13. Jahrhundert begann der Deutschorden mit dem Bau eines viereckigen Kastells. Nach 1309 forcierte der Orden den Ausbau der Marienburg, denn von 1309 bis 1457 war sie Sitz der Hochmeister des Deutschen Ordens und somit Machtzentrum des Deutschordensstaates.

Die Marienburg besteht aus dem Hochschloss, dem Mittelschloss mit dem Hochmeisterpalast und der Vorburg am Ufer der Nogat. Im Mittelschloss befand sich die Residenz des Hochmeisters mit den Repräsentationsräumen. Die zum Teil vierfachen Ringmauern sind durch Tore mit Fallgittern und Zwingern gesichert. Bis 1344 wurde die Kapelle zur **Sankt-Marien-Kirche** ausgebaut. An der Außenwand befand sich bis 1945 in einer Nische die sagenumwobene, acht Meter hohe Madonnenfigur, überzogen mit farbigem Glasmosaik. Sie wurde wie die Burg in der Neuzeit wiederhergestellt. Im Jahr 1457 wurde die Burg an den polnischen König verkauft, 1772 ging sie jedoch in den Besitz Preußens über. Im Jahr 1945 erklärten die Nationalsozialisten die Marienburg zur Festung und verteidigten sie gegen die sowjetische Armee. Dadurch wurden 50 Prozent der Bausubstanz zerstört. In der über 700-jährigen Geschichte wurde die Burg mehrfach umgebaut, vergrößert, zerstört, geplündert und immer wieder aufgebaut und renoviert.

In der Burg ist auch das **Bernsteinmuseum** zu finden (Muzeum Zamkowe w Malborku; www.zamek.malbork.pl). Und es gibt nächtliche Schlossführungen, die aufgrund der romantischen Beleuchtung des Mauerwerks einen unvergesslichen Eindruck hinterlassen.

Oft vergessen die Besucher angesichts der gigantischen Ausmaße der Marienburg die Stadt Malbork. Sie ist als Gesamtheit nicht romantisch, weil sie im Zweiten Weltkrieg fast völlig zerstört wurde. Die **St.-Johannes-Kirche** im Süden der Burg stammt aus dem 15. Jahrhundert. Zwei Taufbecken im Innern stammen aus der Vorgängerkirche und sollen aus dem 14. Jahrhundert sein. Die Figur der Heiligen Elisabeth von Thüringen wurde um 1410 gefertigt.

Das **Alte Rathaus** mit Laubengang wurde 1380 im Stil der Backsteingotik fertiggestellt.

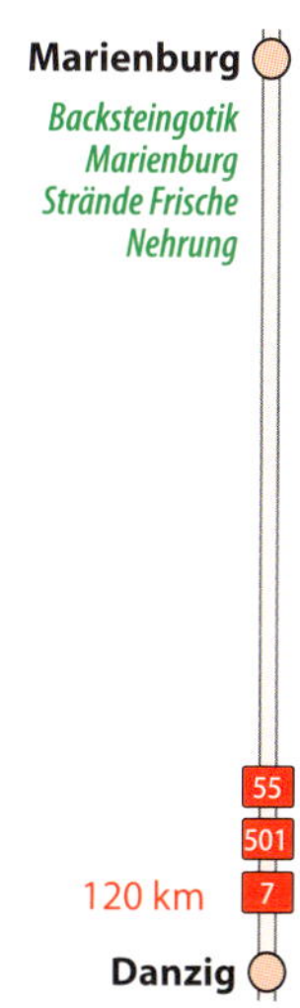

Blick auf die Westerplatte mit dem Ehrendenkmal

Es gehört zu den wenigen erhaltenen Bauwerken der Stadt aus der Ordenszeit.

SAND UND WELLEN AM OSTSEESTRAND

Auf der 55 und 502 fahren wir nach Norden der Ostsee entgegen. Bei **Rybina** überquert die Straße jeweils mit einer Klappbrücke die Szkarpawa und den Kanal **Wisła Królewiecka**, der von der Wisła zum Frischen Haff verläuft.

Am kilometerlangen Strand vor **Stegna** liegt der **Campingplatz Nr. 180** im Küstenwald. 500 Meter vorher ist noch ein Campingplatz. Aber wir wollen auf der 501 nach Osten auf die schmale Sandsichel der Frischen Nehrung. Das Frische Haff ist wegen der Wasserverschmutzung durch das russische Kaliningrad nicht akzeptabel. Die Frische Nehrung hingegen ist auf der Seeseite durchaus für einen Ferienaufenthalt geeignet. »Frisch« wird sie genannt, weil hier frische Winde wehen, worüber sich die Surfer freuen.

Etwa 2,7 Kilometer nach Stegna nehmen wir noch links den Abzweig zum besuchenswerten **Museum Stutthof**, eine Holocaust-Gedenkstätte. Vor dem Eingang ist ein großer Parkplatz.

Kurz vor **Kąty Rybackie** ist an der 501 auf der linken Seite ein Parkplatz, von dem ein Wanderweg durch die Wälder zu einem **Kormoran-Reservat** führt (N 54°20'10.4" E 19°12'23.7"). Durch den scharfen Kot der Kormorane, die auf den Bäumen nisten, sind ganze Waldpartien abgestorben.

Die 501 führt auf der schmalen, durch Wind und Wellen gebildeten Halbinsel durch die Kiefernwälder des Landschaftsschutzgebiets Rezerwat Przyrody Buki Mierzei Wiślanej. Ziemlich einsam liegen bei **Krynica Morska** der **Campingplatz Gallus** und der **Campingplatz Nr. 179** in den Küstenwäldern. Auch ein Parkplatz am Strand ist vorhanden (N 54°22'55.3" E 19°25'20.7"). Der lange Sandstrand ist herrlich und ein Restaurant versorgt die hungrigen Urlauber.

Von Krynica Morska kann man noch 15 Kilometer bis zum verschlafenen **Nowa Karczma** fast an der russischen Grenze fahren. Aber die Straße ist sehr schlecht und die drei Campingplätze direkt in der kleinen Ortschaft, auf Privatgrundstücken und nicht am Meer, sind nicht sehr schön. So entscheiden wir uns für den Westen und fahren wieder

KULTUR

PATERNOSTERMACHER

Der frühe Handelsort Truso, im Jahr 890 erwähnt, hatte wegen seiner Lage an der Bernsteinstraße überregionale Bedeutung. 1237 errichtete der Deutsche Orden an diesem Ort eine Festung. Die entstehende Stadt Elbing wurde von Lübecker Handwerkern und Kaufleuten besiedelt. Die Stadt wurde neben Danzig und Thorn zu einer der führenden Hansestädte im östlichen Mitteleuropa. Bereits 1337 platzten die Einwohner aus den Nähten der alten Stadtmauer. Elbing hatte Handelsbeziehungen mit England, woraufhin sich auch englische Kaufleute in der Stadt niederließen. In Elbing blühte die Verarbeitung von Bernstein der Paternostermacher. Paternoster ist das Synonym für Rosenkranz oder für die Gebete damit. In südeuropäischen Klöstern kam der Brauch auf, aus den kugeligen, harten Samen des südlichen Zedrachbaums Rosenkränze herzustellen. So wurde der Zedrachbaum zum Paternosterbaum und die Hersteller von Rosenkränzen aus Bernstein zu Paternostermachern. Für diesen Berufszweig gab es sogar eine Gilde mit eigenen Regeln.

Blick vom Turm der Marienkirche auf den Turm des Historischen Museums

auf der 501 und dann auf der 7 in Richtung Danzig.

KÖNIGIN DER OSTSEE

Danzig, die Stadt des Bernsteins, ist unbeschreiblich schön, aber selbstverständlich nicht in einer Kurzvisite auch nur annähernd zu erfassen. Zuerst brauchen wir allerdings eine Bleibe für uns und das Wohnmobil. Von der Tageszeit hängt es ab, ob kleine Wohnmobile vielleicht in der zentrumsnahen Długie Ogrody einen Parkplatz finden. Besser ist es, gleich einen der Wohnmobilstellplätze in Danzig aufzusuchen oder auf einen Campingplatz zu fahren und in aller Gelassenheit zwei oder drei Tage mit öffentlichen Verkehrsmitteln in die Stadt zu kommen.

Am geeignetsten sind der **Campingplatz Metropolis** oder die Campingplätze **Sopot 34** und **Park 45** in Sopot, denn sie haben in der Nähe Bahnanschluss. Auch gut für unsere

SPECIAL

STUTTHOFS DUNKLE GESCHICHTE

Das nach 1939 errichtete Konzentrationslager Stutthof war im Endausbau für 57 000 Häftlinge errichtet worden. Stutthof sollte hauptsächlich zur Ausrottung der polnischen Intelligenz in der freien Stadt Danzig und in Westpreußen dienen. Eine Gaskammer gab es ab 1944, womit das Lager zu einem Massenvernichtungslager wurde. Mit den 39 Außenlagern waren schließlich 110 000 Häftlinge unterschiedlichster Nationalität inhaftiert. Auch auf abgedichteten Waggons der Schmalspurbahn wurden Menschen vergast. Die Gesamtzahl der durch Zyklon B umgebrachten Personen wird auf 1150 Opfer geschätzt. Die Leichen wurden im Krematorium und auch in offenen Feuern verbrannt. Nach Berichten von Augenzeugen wurden auch Hunderte von Häftlingen mit der Giftspritze und durch Erschießungen ermordet. Leichname wurden experimentell zu Seife verarbeitet. Eine unsäglich dunkle Geschichte.

Info: Muzeum Stutthof w Sztutowie, ul. Muzealna 6, 82-110 Sztutowo, Tel. +48 55 2478353, www.stutthof.org

Zwecke sind die Campingplätze in Stogi sechs Kilometer westlich des Zentrums, denn von dort fährt die Trambahn in die Stadt. In Stogi gibt es auch einen Parkplatz 200 Meter vom Strand entfernt.

Ein weiterer Parkplatz am Strand ist auf der Westerplatte, womit auch gleich eine geschichtsträchtige Sehenswürdigkeit Danzigs erreicht ist: Am 1. September 1939 beschoss das deutsche Kriegsschiff »Schleswig-Holstein« vom Hafenkanal aus die Westerplatte, auf der sich ein polnisches Munitionslager befand. Dieser Tag gilt als Beginn des Zweiten Weltkrieges. Die polnischen Verluste beliefen sich auf 15 gefallene Soldaten. Das Westerplatte-Denkmal erinnert an die polnischen Verteidiger. Direkt am Ehrendenkmal ist auch ein Parkplatz.

Im Mittelalter war Danzig die reichste Stadt der Welt, aber durch Handel und Verkehr auch ein multikultureller Schmelztiegel. Die Geschichte der Stadt ist über 1000 Jahre alt. Die Früchte der Kultur und der Künste spiegeln sich in den bezaubernden Sehenswürdigkeiten. Die stürmische Zeit des Kampfes um Freiheit in der Neuzeit hat historische Bedeutung. Die erste unabhängige Gewerkschaft Solidarność löste eine Lawine aus, die schließlich den Kommunismus zu Boden warf.

DANZIG ZU FUSS ERLEBEN

Vom Bahnhof **Gdańsk Główny** (Hauptbahnhof) sind alle wichtigen Sehenswürdigkeiten der Altstadt zu Fuß zu erwandern. Geradeaus über die verkehrsreiche Straße vor dem Bahnhof, dann die dritte Straße (ul. Rajska) rechts, erreichen wir die **Große Mühle**, die **Katharinenkirche** und die **Brigittenkirche**. Alle drei Gebäude sind imposante Backsteinbauten aus dem 14. Jahrhundert. Die große Mühle ist heute ein anziehendes Ladenzentrum mit Cafés und kleinen Läden.

Weiter auf der Straße kommen wir zur **Markthalle** und zur gotischen **Nikolaikirche**. Die Markthalle sollte man sich wegen der schweren Einkaufstaschen klugerweise für den Rückweg aufsparen. Die Nikolaikirche prunkt mit ihrer reichen Barockausstattung. Am überaus geschmückten **Zeughaus** mit holländischen Elementen aus dem 17. Jahrhundert biegen wir links in die ulica Piwna, in der gleich links empfehlenswerte **Pierogi-Restaurants** folgen. Die riesige **Marienkirche** ist eine der größten Kirchen Europas. Sinnvoll ist der Aufstieg auf den Turm, der eine herrliche Aussicht über die Stadt bietet.

Nach der Marienkirche gehen wir links und hinter der Kirche wieder rechts in die **ulica Mariacka** oder **Frauengasse**. Hier stehen die typischen Häuser mit den auf die Straße ragenden Beischlägen (Terrassen). Bernstein, Bernstein und nochmal Bernstein ist hier in allen Formen und Farben im Angebot. Am Ende der Straße erreichen wir durch das **Frauentor** die **Promenade** an der Motława. Links besuchen wir das weltberühmte Krantor mit dem an Hamsterräder erinnernden

Blick von der Brücke über die Motława auf Promenade und Krantor

Der Lange Markt ist die Flaniermeile Danzigs.

Antriebssystem aus dem 15. Jahrhundert. Auf der Promenade zurück finden wir zur **Brücke über die Motława**, von der sich schöne Motive auf das Krantor und auf das Grüne Tor ergeben.

Durch das **Grüne Tor** flanieren wir über den **Langen Markt** mit dem **Neptunbrunnen** und mit den reich verzierten Fassaden der Bürgerhäuser. Das **Goldene Tor** und das **Hohe Tor** entlassen uns aus der Altstadt. Es folgt die Erkenntnis, dass ein Tag nicht ausreicht, Danzig zu sehen.

Wer mit dem Fahrzeug in Danzig nach Norden unterwegs ist und dabei die E 75 (ul. Łagiewniki und ul. Jana z Kolna) benutzt, kommt an der **Werft Solidarność** vorbei. Davor steht auf dem plac Solidarności das Denkmal für die heldenhaften Werftarbeiter.

Noch weiter nördlich steht in der **ulica Lelewela 13** das Geburtshaus von Günter Grass. Gleich in der Nähe sitzt als erheiterndes Denkmal Grass neben seiner Romanfigur Oskar aus der **»Blechtrommel«** auf einer Parkbank an der Fontanna Grassowska auf dem plac Generała Józefa Wybickiego.

Im nördlichen Danziger Stadtteil **Oliva** steht der außergewöhnliche **Dom zu Oliva**. Vor dem Dom gibt es zwar einen Parkplatz, aber besser ist es, in der ulica Opata Jacka Rybińskiego zu parken und durch den herrlichen **Park Oliwski** zum Dom zu streifen. Die dreischiffige Basilika mit Querschiff erstaunt durch ihre Fassade, die von zwei 46 Meter hohen schlanken Türmen mit spitzen barocken Helmdächern begleitet wird. Der Eingang führt durch ein barockes Portal aus dem 17. Jahrhundert. Mit 97 Metern Länge ist der Dom das längste Zisterzienser-Kirchengebäude der Welt.

Die Domorgel ist ein bedeutendes Werk der barocken Schnitzkunst. Während sie bespielt wird, bewegen sich Engelsfiguren mit Posaunen und Glocken, ähnlich denen in der Wallfahrtskirche Heilige Linde in Masuren. Ein unentgeltliches 30-minütiges Konzert findet jeweils zur vollen Stunde statt. Die Wucht der Bässe durchdringt dann den ganzen Körper.

Das wirtschaftliche und kulturelle Zentrum Polens ist die sogenannte **Dreistadt**, bestehend aus Gdańsk, Sopot und Gdynia. Der mondäne und nicht ruhige Badeort **Sopot** nördlich vor Danzig ist stolz auf die **längste Seebrücke Polens**. Der lange Sandstrand mit der dahinter liegenden Parkanlage mit Rad- und Gehwegen ist erwähnenswert und vom Campingplatz **Metropolis** aus gut zu erreichen.

Nach der prächtigen Ostseestadt Danzig erleben wir auf der Route 6 die unendlichen Sandstrände der Ostsee, aber zuerst eine wenig bekannte Seenplatte.

PRAKTISCHE HINWEISE

TOURIST-INFORMATIONEN

Tourist-Information Ruciane-Nida
Ulica Dworcowa 14, 12-220 Ruciane-Nida,
Tel. +48 87 4231989, www.ruciane-nida.pl

Tourist-Information Olsztyn
Plac Jana Pawła II, 10-959 Olsztyn,
Tel. +48 89 5210398, www.olsztyn.eu

Tourist-Information Malbork
Ulica Kościuszki 54, 82-200 Malbork,
Tel. +48 55 6474747, www.visitmalbork.pl

Tourist-Information Gdańsk
Długi Targ 28/29, 80-830 Gdańsk,
Tel. +48 58 3014355, www.visitgdansk.com

CAMPING- UND STELLPLÄTZE

Camping Flosek
Iznota 6, 12-220 Ruciane-Nida,
Tel. +48 506 104162, www.flosek.pl
GPS-Daten: N 53°44'35.3" E 21°34'23.9"
Einsamer und einfacher Wiesenplatz in einer stillen Bucht am südlichen Arm des Jezioro Mikołajskie mit Badesteg und Strand, 15 Kilometer südlich von Mikołajki. Keine Einkaufsmöglichkeit und kein Restaurant.

Der Camping Agro Olsztyn liegt am verträumten Jezioro Ukiel.

Camping Ośrodek Turystyki Wodnej
Aleja Wczasów 17, 12-220 Ruciane-Nida,
Tel. +48 87 4231012,
www.pttkruciane-nida.pl
GPS-Daten: N 53°38'25.8" E 21°32'40.3"
Der Wiesenplatz liegt in einem Wäldchen im Osten von Ruciane-Nida am Jezioro Nidzkie. Badeplatz und Bootsverleih. Restaurant in 150 Meter Entfernung. Ein Kilometer in das Zentrum mit Geschäften und weiteren Restaurants.

Camping Klasztor żeński staroobrzędowców
(Kloster der Altgläubigen)
Wojnowo 76, 12-220 Ruciane Nida,
Tel. +48 87 4257030, www.klasztor.info
GPS-Daten: N 53°39'20.4" E 21°27'50.9"
Wiesenplatz zwischen Kloster und Jezioro Duś. Badestrand und Steg. Keine Einkaufsmöglichkeit und kein Restaurant.

Camping Ochenkowska
Grom 102, 12-130 Pasym,
Tel. +48 507 546928, www.pasym.pl
GPS-Daten: N 53°37'18.3" E 20°52'41.2"
Der Wiesenplatz liegt auf einer Halbinsel im Jezioro Gromskie, acht Kilometer vor Pasym. Eigener Strand. Keine Einkaufsmöglichkeit und kein Restaurant. Geschäfte in Pasym.

Camping Starczak
Ulica Karola Małłka 22, 12-130 Pasym,
Tel. +48 604 066512, www.polebiwakowe.pl
GPS-Daten: N 53°38'37.2" E 20°51'60.0"
Der einsame Platz liegt in einem Waldstreifen am Jezioro Leleskie. Eigener Strand und Steg. Elf Kilometer bis Pasym mit Geschäften und Restaurants.

Camping Ukiel
Ulica Poranna 6, 11-041 Olsztyn,
Tel. +48 509 382924,
www.camping.mazury.pl

Der Campingplatz Pelnik am Ufer des Jezioro Isąg

GPS-Daten: N 53°47'14.7" E 20°23'57.7"
Wiesenplatz am Jezioro Ukiel mit eigenem Strand und Grillplätzen, acht Kilometer westlich des Stadtzentrums von Olsztyn. Zufahrt über eine 800 Meter lange Sandstraße. Wander- und Radwege um den See. 1,5 Kilometer bis zur Bushaltestelle und zu Einkaufsmöglichkeiten. 2,5 Kilometer bis zum Bahnhof Gutkowo. Kein Restaurant in der Nähe.

Agro Camping Olsztyn
Ulica Młodzieżowa 1, 11-041 Olsztyn,
Tel. +48 662 266730
GPS-Daten: N 53°47'13.5" E 20°24'04.0"
Wiesenplatz am Jezioro Ukiel mit eigenem Strand und Steg, acht Kilometer westlich des Stadtzentrums von Olsztyn. Zufahrt über eine 800 Meter lange Sandstraße. Wander- und Radwege um den See. 1,5 Kilometer bis zur Bushaltestelle und zu Einkaufsmöglichkeiten. 2,5 Kilometer bis zum Bahnhof Gutkowo. Kein Restaurant in der Nähe.

Camping Hotel Kur
Ulica Bałtycka 89 (527), 10-189 Olsztyn,
Tel. +48 89 5214700, www.hotelkur.pl
GPS-Daten: N 53°47'45.5" E 20°25'50.3"
Wiesenplatz am Jezioro Ukiel mit eigenem Restaurant und Strand, vier Kilometer westlich des Stadtzentrums von Olsztyn. Bushaltestelle, Restaurants und Einkaufsmöglichkeiten in der Nähe. Schallbeeinträchtigung durch die 527.

Camping Hotel Pirat
Ulica Bałtycka 95, 10-180 Olsztyn,
Tel. +48 89 5211344, www.pirat.com.pl
GPS-Daten: N 53°47'52.8" E 20°25'34.8"
Wiesenplatz am Jezioro Ukiel mit eigenem Restaurant, Strand und Steg, vier Kilometer westlich des Stadtzentrums von Olsztyn. Bushaltestelle, Restaurants und Einkaufsmöglichkeiten in der Nähe. Schallbeeinträchtigung durch die 527.

Camping Herkus
Ulica Barczewskiego 47, 11-001 Dywity,
Tel. +48 89 5120646,
www.masuren-camping-polen.de
GPS-Daten: N 53°50'00.5" E 20°25'12.3"
Schöner und ruhiger Platz mit parzellierten Stellplätzen, elf Kilometer nordwestlich von Olsztyn am aufgestauten Fluss Wadąg. Bootsverleih. Keine Einkaufsmöglichkeit und kein Restaurant in der Nähe.

Campingplatz Pelnik
14-105 Pelnik, Tel. +48 604 050422
GPS-Daten: N 53°47'11.0" E 20°08'44.0"
Wiesenplatz in ruhiger Lage am Jezioro Isąg, südlich der Ortsmitte, mit eigenem Strand und Steg. Einkaufsmöglichkeit in 600 Metern. Kein Restaurant in der Nähe.

Campingplatz Zakątek
An der 530, 14-100 Szeląg,
Tel. +48 503 135970
GPS-Daten: N 53°46'12.2" E 19°57'16.6"
Wiesenplatz am Jezioro Szeląg, neun Kilo-

meter vor Osterode, mit eigenem Strand und Steg. Grillplätze. Keine Einkaufsmöglichkeit und kein Restaurant in der Nähe.

Camping Przystań
Ulica Słowackiego 38, 14-100 Ostróda, Tel. +48 89 3330427, www.uzdzicha.pl
GPS-Daten: N 53°42′00.2″ E 19°56′51.8″
Kleiner Platz am Jezioro Drwęckie zwischen Bootshafen und Bahnlinie in Osterode. Zentral, aber nicht ruhig.

Camping Kątno
Ulica Kątno 30b, 14-133 Stare Jabłonki, Tel. +48 78 4490881, www.campingkatno.pl
GPS-Daten: N 53°42′14.1″ E 20°04′42.9″
Wiesenplatz in ruhiger Lage am Jezioro Szeląg, zwölf Kilometer östlich von Osterode. Restaurant, eigener Strand und Steg. Keine Einkaufsmöglichkeit.

Stellplatz Buczyniec
An der 526 südlich des Ortes Kąty
GPS-Daten: N 53°58′49.0″ E 19°37′20.5″
Wiese im Wald mit Picknickbänken am Oberländischen Kanal, 300 Meter weiter südlich werden die Schiffe an der Schiefen Ebene Buczyniec über die Hügel gezogen.

Camping Buczyniec
Buczyniec 1a, 14-400 Pasłęk
GPS-Daten: N 53°58′37.9″ E 19°37′12.0″
Parkplatz direkt an der Schiefen Ebene Buczyniec.

Camping Bogusława Sieczka
Ulica Panieńska 14, 82-300 Elbląg, Tel. +48 55 6418666, www.camping61.com.pl
GPS-Daten: N 54°09′13.2″ E 19°23′37.8″
Kleiner Wiesenplatz mit guter Ausstattung zwischen Oberländer Kanal, Industriegebiet und Straßenbrücke. Rund 800 Meter zur Innenstadt.

Camping Nogat
Ulica Parkowa 3, 82-200 Malbork, Tel. +48 55 2722413, www.caw.malbork.pl
GPS-Daten: N 54°02′47.9″ E 19°02′19.7″
Guter Wiesenplatz in lichtem Wald nördlich der Burg und nahe des Flusses Nogat. 1,5 Kilometer zur Burg und zwei Kilometer in das Zentrum mit Einkaufsmöglichkeiten und Restaurants.

Camping Nad Stawem
Wałowa 10, 82-200 Malbork, Tel. +48 501 406740, www.malbork-kemping.eu
GPS-Daten: N 54°02′34.9″ E 19°01′31.9″
Wiesenplatz an einem großen Teich, westlich der Nogat. 800 Meter auf der Fußgängerbrücke über die Nogat zur Burg. Restaurant und Einkaufsmöglichkeit 500 Meter entfernt. Ein Kilometer in das Zentrum von Malbork mit Einkaufsmöglichkeiten und Restaurants. 2,5 Kilometer von der 501 entfernt.

Campingplatz Nr. 180
Ulica Morska 15, 82-103 Stegna, Tel. +48 55 2478294, www.camp180.mierzeja.pl
GPS-Daten: N 54°20′45.2″ E 19°06′48.2″
Der Platz liegt direkt am kilometerlangen Sandstrand der Ostsee im schattenspendenden Küstenwald. Einige Einkaufsmöglichkeiten und Restaurants in der Nähe.

Camping Gallus
Ulica Marynarzy 2, 82-120 Krynica Morska, Tel. +48 55 2476126, www.gallus.mierzeja.pl
GPS-Daten: N 54°22′44.8″ E 19°25′21.8″
Schöner Platz im schattenspendenden Küstenwald. Restaurant und kleiner Laden am Platz. Etwa 400 Meter zum Strand mit Restaurants, zwei Kilometer in das Zentrum von Krynica Morska mit Einkaufsmöglichkeiten und weiteren Restaurants. Empfehlung für eine Wanderung: am Strand drei Kilometer nach Osten zum Latarnia Morska (Leuchtturm) in Krynica Morska.

Campingplatz Nr. 179
Ulica Marynarzy 3, 82-120 Krynica Morska, Tel. +48 607 727103, www.polenamiotowenr179.pl
GPS-Daten: N 54°22′49.4″ E 19°25′20.4″
Platz im schattenspendenden Küstenwald. Rund 300 Meter zum Strand mit Restaurants, zwei Kilometer in das Zentrum von Krynica Morska mit Einkaufsmöglichkeiten

Auf dem Campingplatz Metropolis in Sopot

und weiteren Restaurants. Empfehlung: Am Strand 3 Kilometer nach Osten zum Leuchtturm in Krynica Morska wandern.

Stellplatz Camper Park
Ulica Towarowa 40, 80-218 Gdańsk,
Tel. +48 58 3471406,
www.camperpark.pg.edu.pl
GPS-Daten: N 54°22′17.8″ E 18°37′45.4″
Wiesenplatz auf parkähnlichem Grundstück mit Picknickplätzen und Grill. WC in der Sportakademie. Vier Kilometer in das historische Zentrum, 1,5 Kilometer bis zur Bahnstation Gdańsk Stocznia.

Stellplatz Akademia Muzyczna
(Musikakademie)
Ulica Lakowa 1, 80-743 Gdańsk,
Tel. +48 58 3014355, www.gdansk.pl
GPS-Daten: N 54°20′45.4″ E 18°39′46.5″
Asphaltierter Parkplatz, sehr zentral. 800 Meter in die historische Altstadt.

Camping Metropolis
Ulica Zamkowa Góra 25, 81-701 Sopot,
Tel. +48 58 5500445, www.domkisopot.pl
GPS-Daten: N 54°27′36.7″ E 18°33′17.0″
Wiesenplatz, zum Teil mit Schatten hoher Bäume. Einkaufsmöglichkeiten und Restaurants in der Nähe. Rund 15 Kilometer nördlich des historischen Zentrums von Danzig, 500 Meter zum Bahnhof Sopot Kamienny Potok, 800 Meter zum langen Sandstrand von Sopot, zwei Kilometer zur Seebrücke Sopot, sieben Kilometer bis nach Oliva.

Camping Sopot 34
Ulica Bitwy pod Płowcami 55, 81-731 Sopot,
Tel. +48 88 2379198, www.sopot34.pl
GPS-Daten: N 54°26′05.0″ E 18°34′54.5″
Wiesenplatz unter lichtem Baumbestand, 13 Kilometer nördlich des historischen Zentrums von Danzig. 1,5 Kilometer zur Bahnstation Sopot Wyścigi, 100 Meter zum Strand, 1,5 Kilometer zur Seebrücke Sopot. Einige Restaurants in der Nähe.

Camping Park 45
Ulica Bitwy pod Płowcami 73, 81-731 Sopot,
Tel. +48 690 273810, www.park45.pl
GPS-Daten: N 54°25′51.0″ E 18°35′12.4″
Wiesenplatz unter lichtem Baumbestand, 13 Kilometer nördlich des historischen Zentrums von Danzig. Etwa 1,7 Kilometer zur Bahnstation Sopot Wyścigi, 100 Meter zum Strand, zwei Kilometer zur Seebrücke Sopot. Einige Restaurants in der Nähe.

Camping Stogi
Ulica Wydmy 9, 80-656 Gdańsk Stogi,
Tel. +48 58 3073915,
www.camping-gdansk.pl
GPS-Daten: N 54°22′11.9″ E 18°43′46.8″
Wiesenplatz in einem Kiefernwald, sieben Kilometer vom historischen Zentrum Danzigs entfernt, 500 Meter zur Straßenbahnlinie, 700 Meter zum Strand. In der Straße befinden sich weitere Campingplätze.

Camping Przy Wydmach
Ulica Wydmy 6, 80-656 Gdańsk Stogi,
Tel. +48 58 3042070,
www.osrodekprzywydmach.pl
GPS-Daten: N 54°22′11.1″ E 18°43′54.5″
Wiesenplatz in einem Kiefernwald, sieben Kilometer vom historischen Zentrum Danzigs entfernt, 500 Meter zur Straßenbahnlinie, 700 Meter zum Strand.

6 LANGE STRÄNDE AN DER OSTSEE UND BACKSTEINGOTIK IN DEN STÄDTEN

Von Danzig bis zum Stettiner Haff

Wir besuchen die kaum bekannte Kaschubische Schweiz, südwestlich von Danzig gelegen. Die Eiszeit schuf Hunderte Seen, die sich ideal zum Wassersport eignen. Auch die langen Sandstrände der Ostsee ziehen immer mehr Urlauber an. Touristische Ausgangsbasis des Słowiński-Nationalparks ist das quirlige Łeba mit Zugang zu der 40 Meter hohen Wanderdüne im Weltbiosphärenreservat der »polnischen Sahara«. Kleine historische Fischerorte sind dagegen die touristischen Anlaufpunkte der Bernsteinküste. Die Geschichte der Hansestadt Stettin schließlich reicht bis ins 8. Jahrhundert zurück und viele ihrer historischen Gebäude sind wiederhergestellt.

Historische Gebäude im Freilichtmuseum der Kaschubei

ROUTE 6

START- UND ENDPUNKT
Gdańsk und Szczecin

STRECKENLÄNGE
1014 km

FAHRZEIT
6 bis 7 Tage

BESTE JAHRESZEIT
Juni bis September

Start
Danzig
Seen Kaschubische Schweiz
Museum Kaschubische Schweiz
76 km 20
Wdzydze

Nach der herrlichen, aber quirligen Ostseestadt Danzig verschaffen wir uns Ruhe in der Kaschubischen Schweiz, eine Seenplatte südwestlich von Danzig. Auf der 218, nördlich von Danzig, oder auf der 7, südlich von Danzig, müssen wir nach Westen. In beiden Fällen übernimmt dann die 20 die Richtung nach Süden in die Kaschubei.

Bald wird erkennbar, dass die Kaschubei eine dünn besiedelte, hügelige Gegend ist, die erst allmählich vom Tourismus entdeckt wird. Viele der rund 250 Seen sind durch Kanäle miteinander verbunden und bieten gute Wassersportmöglichkeiten. Zugleich ist hier eines der größten zusammenhängenden Waldgebiete Polens, in dem die Natur noch in Ordnung ist. Unweit der Straße stehen Kraniche in der Wiese. Die Kiefernwälder muten skandinavisch an, denn der Boden ist mit weißer Rentierflechte bedeckt. Bei Kościerzyna ist am Jezioro Osuszyno der **Camping Szarlota** mit Hotel-Restaurant und Bootsverleih.

URTÜMLICHE KASCHUBEI

Südlich von **Kościerzyna** stoßen wir auf das große Ethnografische **Freilichtmuseum** der Kaschubei am Jezioro Gołuń im Landschaftspark Wdzydze (Muzeum Kaszubski Park Etnograficzny, ul. Gulgowskich 68, 83-406 Wdzydze Kiszewskie, www.muzeum-wdzydze.gda.pl). Das sehenswerte, über 100 Jahre alte Museum befindet sich auf einer Fläche von 22 Hektar und ist bebaut mit 52 Objekten der kaschubischen Regionalarchitektur. Bauernhäuser, eine Dorfschule, eine Schmiede, ein Wirtshaus, Windmühlen, zwei Kirchen, Ställe, Scheunen sowie Handwerksstätten aus der Zeit zwischen dem 18. und dem 20. Jahrhundert gibt es zu erkunden. Die Innenräume der Gebäude glänzen mit authentischen Ausstattungen.

Etwa 1,5 Kilometer westlich des Museums finden wir den ruhigen **Campingplatz Stanica Wodna**, ebenfalls am Jezioro Gołuń. Nebenan lohnt die Besteigung des Aussichtsturms (Wieża widokowa) mit Panorama über den See und den Landschaftspark Wdzydze. Um diesen kreuzförmigen, wunderbaren See

In der Natur sieht man immer wieder Reiher.

Der Aussichtsturm beim Camping Stanica Wodna am Jezioro Gołuń

in weitgehend unbeschadeter Natur gibt es einige Campingplätze.

Nun geht es nach Norden wieder zurück nach Kościerzyna, dort aber auf der 214 und dann auf der 228 in Richtung Chmielno. Auf der Strecke liegt östlich der 228 der Jezioro Ostrzyckie mit dem **Campingplatz Stolëma** bei Ostrzyce.

In **Chmielno** gibt es einen Parkplatz zwischen dem Jezioro Białe und Jezioro Kłodno (N 54°19′40.3″ E 18°06′20.1″). Etwa 400 Meter weiter nach Osten ist ein schöner Sandstrand und nachfolgend ein kostenpflichtiger Parkplatz. Noch weiter um den Jezioro Kłodno sind neben dem **Campingplatz Tamowa** weitere.

Als Hauptstadt der Kaschubischen Schweiz gilt das kleine Städtchen **Kartuzy** (Karthaus), in dem sich das kaschubische Museum befindet. Gezeigt werden Zeugnisse der kaschubischen Kultur und des traditionellen Kunsthandwerks der Gegend (Muzeum Kaszubskie, ul. Kościerska 1, www.muzeum-kaszubskie.gda.pl). Das ehemalige Kartäuserkloster, von dem der Ort seinen Namen hat, liegt etwas westlich außerhalb der Stadt. Von den Klostergebäuden ist nur eine der ursprünglich 18 Mönchszellen erhalten. Die gotische, später barockisierte Klosterkirche trägt ein markantes Dach in Form eines Sargdeckels.

Nördlich von Kartuzy ist in Richtung Sianowo im Wald ein einsamer Parkplatz am Jezioro Klasztorne Duże (N 54°20′37.0″ E 18°11′42.3″). Unsere Fahrt geht jedoch auf der 224 weiter in nördliche Richtung nach **Wejherowo**. Noch vor der Stadt liegen große Parkplätze, die Ausgangspunkt für den mit 26 Kapellen bestückten Kalvarienberg sind. Wejherowo ist nämlich heute in erster Linie bekannt als stark besuchter Marien-Wallfahrtsort.

Wejherowo nennt sich selbst die »Geistige Hauptstadt der Kaschuben«. Das neogotische **Schloss Wejherowo** der Familien Przebendowski und Keyserling im großen Park Miejski Majkowskiego entstand im 19. Jahrhundert. Es trägt auch Elemente der Neorenaissance. In den Räumen befindet sich das

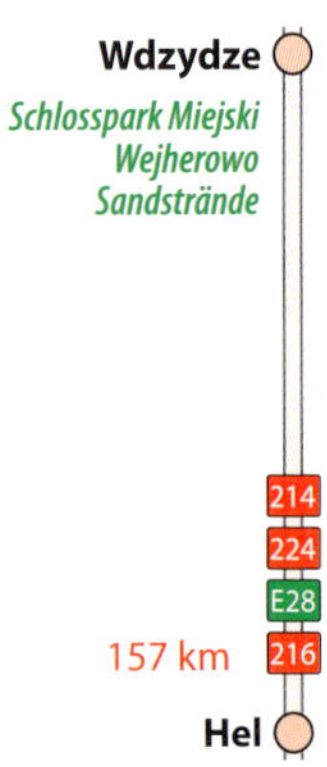

KULTUR

VOLKSSTAMM DER KASCHUBEN

Die westslawische Volksgruppe der Kaschuben wurde bereits im 13. Jahrhundert urkundlich erwähnt. Durch die Ansiedlung von Deutschen gingen die Kaschuben weitgehend in der neuen Bevölkerung auf. Die Minderheit, die heute in Pommern noch lebt, fühlt eine geschichtliche und ethnische Verbundenheit mit Polen, sie pflegt aber ihre eigene Sprache und Tradition. Kaschubisch wird heute an verschiedenen Orten der Kaschubei in den Schulen gelehrt, eine eigenständige Literatur wird gefördert und vom polnischen Staat geschützt. 300 000 Kaschuben verstehen die kaschubische Sprache, eine westslawische Mundart, die deutsche und altpreußische Lehnwörter benutzt. Dem Rechnung tragend sind die Ortsschilder zweisprachig.

Museum für kaschubische Literatur und Musik (Muzeum Piśmiennictwa i Muzyki Kaszubsko-Pomorskiej w Wejherowie, ul. Zamkowa 2, www.muzeum.wejherowo.pl).

AUF DER »SANDSICHEL«

Ein kurzes Stück fahren wir auf die verkehrsreiche E 28 nach Osten und schwenken dann in Reda in nördliche Richtung nach **Władysławowo**, eine moderne Stadt am Beginn der **Halbinsel Hela**. Sie schiebt sich wie eine Sichel 35 Kilometer nach Osten in die Danziger Bucht. Weiße Strände liegen vor den vom Wind zerrupften Kiefernwäldchen.

Die Halbinsel Hela ist zwischen drei Kilometern und an der schmalsten Stelle nur 400 Meter breit. Auf Landkarten des 17. Jahrhunderts waren entlang der heutigen Halbinsel einzelne Inseln zu sehen. Wellen und Wind gestalteten durch Sandanhäufungen die jetzige Situation, die vor allem Windsurfern und Badeurlaubern taugt. Die Halbinsel Hela ist auch Europas Zentrum der Kitesurfer-Gemeinde.

Ferienorte und die dazugehörigen Einrichtungen reihen sich hier wie Perlen einer Kette aneinander. Eine ganze Reihe von Campingplätzen sind im nachstehenden Kapitel »Praktische Hinweise« aufgezählt. Gleich nach Władysławowo beginnen die schönen Sandstrände. Auf der linken Seite der 216 ermöglicht ein großer Parkplatz eine Badepause. Es gibt immer wieder Parkplätze mit di-

Im Schloss Wejherowo ist ein Museum der kaschubischen Musik.

Parkplatz am Jezioro Białe in Chmielno

Die Kitesurfer sind bei jedem Wetter in Aktion.

rektem Zugang zum Meer. Am Parkplatz in **Kuźnica** ist eine Tourist-Info für die Halbinsel Hela.

Am Parkplatz vor **Jastarnia** führt ein Weg durch den Wald und über die Schienen zu Relikten des Krieges. Einige Bunker liegen versteckt im Wald, andere am Strand an der Nordseite des Landstreifens. Dieses polnische Widerstandszentrum von Jastarnia wurde bei der Küstenverteidigung 1939 genutzt. An der Südspitze im überlaufenen **Hel** befindet sich nicht nur der letzte **Campingplatz Helcamp**, sondern es gibt auch einige gebührenpflichtige Parkplätze am Hafen. Ein idyllischer Ferienort ist etwas anderes, denn hier tritt noch deutlich die militärische Vergangenheit zutage. Zur Sandspitze der Halbinsel mit herrlichem Strand, aber auch mit einigen Bunker- und Geschützanlagen sind es 800 Meter. Hel ist über 700 Jahre alt,

SPECIAL

DIE BUNKER AUF HELA

Die natürlichen und geografischen Bedingungen der Halbinsel Hela boten eine gute Position für die polnische Verteidigung an der Ostsee. Die ins Meer vorgeschobene Halbinsel ist nur 16 Kilometer vom Ufer der Danziger Bucht entfernt und war ein sicherer Ort für eine Stationierung der Marine, der Artillerie und anderer Waffengattungen. Damit konnte die polnische Küste und die gesamte Danziger Bucht kontrolliert werden. Bereits 1921 begannen die Planungen für die Befestigungen und die Eisenbahnlinie und die Straße wurden gebaut. Bis 1933 entstanden der Hafen Hel sowie die ersten Bollwerke für die Einheiten der polnischen Artillerie. Am 1. Oktober 1939 kapitulierte die polnische Armee und die Bunker des polnischen Widerstandszentrums Jastarnia kamen nie in Einsatz. Die deutsche Wehrmacht übernahm die militärischen Einrichtungen auf der Halbinsel, musste aber ihrerseits am 14. Mai 1945 vor den Truppen der Roten Armee kapitulieren.

Die Halbinsel Hel war im Zweiten Weltkrieg mit Bunkern gesichert.

wurde aber vor allem bekannt wegen der Flüchtlingsströme am Ende des Zweiten Weltkrieges. Als wichtiger Anlaufhafen für Transportschiffe bis zuletzt hart umkämpft, kapitulierten die letzten Reste der Wehrmacht hier schließlich am 14. Mai 1945 vor den Truppen der Roten Armee.

Das Schönste an Hel ist vielleicht das **Robbenzentrum** nördlich des Hafens (Fokarium w Helu, ul. Morska 2, www.fokarium.pl). Zwischen Robbenzentrum und Hafen ist das interessante **Fischereimuseum** (Muzeum Rybołówstwa, ul. Bulwar Nadmorski 2, www.nmm. pl).

Auf der 216 fahren wir wieder zurück und dann auf der 215 an der Küste entlang in Richtung Karwia. Die Strände bei **Chłapowo** liegen unterhalb einer Steilküste, manchmal mit verschiedenfarbigen Granitsteinen geschmückt, die die Eiszeit von Skandinavien herübertransportiert hat. **Jastrzębia Góra**, an nördlichster Stelle der Küstenstraße, wartet auch mit langen Sandstränden und mit einer Steilküste auf. Vor allen Dingen in Chłapowo gibt es einige Campingplätze.

Noch vor Karwia gestattet ein Parkplatz an der Straße (N 54°49′51.3″ E 18°14′00.7″), eine Badepause einzulegen, denn nun verlässt die 215 zwangsläufig die Küstenlinie und wir dürfen auf der 213 weiter nach Westen reisen.

Krokowa glänzt mit einem barocken Schloss und romantischem Park, heute Hotel und Restaurant. Schloss Krokowa ist der Familiensitz eines der ältesten pommerschen Geschlechter, das bereits 1285 urkundlich in Erscheinung trat. Im 18. Jahrhundert wurde das Schloss umgebaut und mit dem italienischen Garten geschmückt.

Nach Krokowa benutzen wir die 218 nach Süden, verlassen diese gleich wieder und steuern auf namenlosen Straßen Gniewino an. Da kommen wir nämlich am Jezioro Żarnowieckie mit dem **Wasserkraftwerk** vorbei. Vier mächtige Rohre liefern das Wasser aus dem höher gelegenen Pumpspeichersee Jezioro Kolkowo. Das Beste ist der 44 Meter hohe **Aussichtsturm** im **Kompleks Kaszubskie Oko** am Jezioro Kolkowo. Der Blick reicht bis zur 15 Kilometer entfernten Ostsee. Die Themengärten um den Aussichtsturm ent-

Schloss Krokowa versteckt sich hinter Mauern und Bäumen.

halten unter anderem Spielplätze, Saurier- und Märchenfiguren sowie Ausstellungen.

STRÄNDE UND DÜNEN SATT

Den weiteren Weg nach Westen übernehmen zuerst namenlose Straßen und dann die 213, bevor wir auf der 214 in nördliche Richtung nach **Łeba** abbiegen. Das quirlige Łeba ist einer der beliebtesten polnischen Ferienorte mit entsprechend großer Infrastruktur, aber auch der Ausgangspunkt in den **Słowiński-Nationalpark** mit Zugang zu der 40 Meter hohen Wanderdüne in der »polnischen Sahara«.

Der Parkplatz zum **Eingang des Nationalparks** liegt östlich des Ortes (N 54°45'10.7" E 17°31'03.3"; Besucher folgen dann zu Fuß dem Wegweiser »WYDM«, deutsch: Wanderdüne, bis zur großen Düne, die 3,5 km entfernt ist, oder sie fahren mit dem Touristenzug). Ein **Parkplatz am Strand** ist in der ulica Turystyczna. In diesem östlichen Bereich von Łeba liegen auch fünf von sechs **Campingplätzen**.

AUSFLUG

SŁOWIŃSKI-NATIONALPARK

Der Slowinzische Nationalpark ist wegen seiner einmaligen, ausgedehnten Wanderdünenlandschaft zum Weltbiosphärenreservat erklärt worden. Er liegt zwischen Łeba und Rowy im Westen. Trotz der wüstenähnlichen Erscheinung gibt es eine enorme Fülle an Pflanzengemeinschaften. Zum Nationalpark gehören nicht nur die Wanderdünen, sondern auch sandige Wiesen, Heidelandschaften, Kiefernwälder, Moore, Sumpfwälder, Erlen- Buchen- und Eichenwäldchen. Diese Vielfalt bietet Lebensgrundlage für Wasser- und Sumpfvögel; Greifvögel wie See-, Schrei- und Steinadler. Etwa 35 Kilometer Wanderwege erschließen das Gebiet.

Info: Słowiński Park Narodowy, ul. Bohaterów Warszawy 1a, 76-214 Smołdzino, Tel. +48 59 8117204, www.slowinskipn.pl

Nicht nur Łeba selbst, sondern auch der Hauptzugang in das Gebiet des Słowiński-Nationalparks ist zumindest in der Hauptsaison überlaufen. Der Zugang von Westen zeigt zwar nicht die höchste Düne, ist aber beschaulicher und zudem wahrscheinlich ökologisch wertvoller. Dorthin kommen wir auf der 214 zurück bis Wicko und dann auf der 213 nach Westen. Nach dem Dorf Choćmirówko zweigt nach Norden eine Straße nach Witkowo und Smołdzino ab.

Östlich von **Smołdziński Las** besuchen wir zuerst das **Freilichtmuseum Kluki** mit alten Bauernhäusern und Exponaten aus dem bäuerlichen Leben (Muzeum Wsi Słowińskiej w Klukach, Kluki 27, 76-214 Smołdzino, www.muzeumkluki.pl). In der Straße sind zwei Agroturystyka-Betriebe, die auch Wohnmobile zur Übernachtung aufnehmen.

Weiter nördlich von Smołdziński Las befindet sich ein bewachter **Parkplatz bei Czołpino** (N 54°42'32.8" E 17°14'27.0"). Hier ist der Ausgangspunkt in die große Dünenlandschaft der **Wanderdüne Czołpińska**. Der fantastische Rundweg durch die Dünen inklusive Leuchtturm ist ungefähr neun Kilometer lang. Ein ebenfalls bewachter Parkplatz liegt nicht weit von dem ersten entfernt etwa 600 Meter abseits vom Strand – zwar nicht im Bereich der Wanderdüne, aber mit nahe gelegenem Aussichtsturm.

Auf dem Weg nach Westen kommen wir durch das verschlafene **Smołdzino**. Nach dem Ort ist rechts ein Parkplatz, von dem ein Weg auf den bewaldeten Hügel führt. Oben

Am Hafen in Łeba

Authentische Häuser im Freilichtmuseum Kluki

Im Hafen von Ustka

ist ein hoher Aussichtsturm (Punkt widokowy – grodzisko Rowokół) mit Blick über den Słowiński-Nationalpark und bis zur Ostsee.

Weiter nach Westen kommen wir bei Gardna Wielka an den Küstensee Jezioro Gardno, der von der Łupawa durchflossen wird. Der See ist ein vorzügliches, gemäßigteres Surf-Gebiet und die Łupawa ein idealer Paddel-Fluss. Einen Bootsverleih betreibt der **Campingplatz Surfcamp-Gardno** bei Gardna Mała.

BADEORTE UND FISCHERSTÄDTCHEN

Ustka (Stolpmünde) ist ein weitgehend authentischer Fischerhafen mit Häusern einst wohlhabender Besitzer, in der Hauptsaison aber überlaufen. **Leuchtturm**, Ausflugsschiffe und die angenehme **Promenade** am schönen Strand verleihen dem Ort maritimes Flair. Wenn Platz ist, kann auch nahe der Strandpromenade geparkt werden.

Seit dem 14. Jahrhundert existiert in Stolpmünde ein Hafen, der im 15. Jahrhundert größer war als der in Kolberg. Aber der Hafen versandete und der Handel kam zum Erliegen. Erst im 19. Jahrhundert konnte das Hafenbecken wieder ausgebaggert und ausgebaut werden. Im Jahr 1925 lagen im Hafen 102 Fischereischiffe. Traurige Berühmtheit erlangte Stolpmünde am 30. Januar 1945, als in den Gewässern vor der Stadt die »Wilhelm Gustloff« von einem russischen U-Boot versenkt wurde und dabei Tausende Flüchtlinge ums Leben kamen.

Die 203 leitet uns weiter nach Westen in Richtung Darłowo. Kurz nach Ustka überqueren wir die Grenze zur **Woiwodschaft Westpommern** (Województwo zachodniopomorskie). Dieses Gebiet erstreckt sich bis an die deutsche Grenze. Die langen Strände, die Altstädte im Stil der Backsteingotik und die Westpommersche Seenplatte sind die Glanzpunkte dieser Woiwodschaft. Der Begriff »Pommern« geht übrigens auf das polnische »Pomorze« zurück, das so viel wie »Land am Meer« bedeutet.

In **Darłowo** (Rügenwalde) gibt es einen großen Parkplatz unterhalb des spätgoti-

Am Marktplatz, mit Rathaus und Marienkirche aus dem frühen 14. Jahrhundert im Hintergrund

schen **Schlosses der pommerschen Herzöge**, wo das Regionalmuseum untergebracht ist. Ein **Campingplatz** mit einem großen Parkplatz davor ist am Hafen in Rügenwaldermünde (Darłówko) an der Mündung der Wieprza.

Vom Parkplatz am Schloss nach Nordwesten über den großen Kreisverkehr kommen wir zu Fuß in das nahe historische Zentrum. Die querende **ulica Powstańców Warszawskich** zeigt sich als ansprechende Fußgängerzone mit kleinen Läden. Nach rechts geht es zum großen **Marktplatz** mit Rathaus aus dem 18. Jahrhundert und **Hansabrunnen**. Die **Marienkirche** hinter dem Rathaus ist ein spätgotischer Ziegelbau mit Fürstengruft aus dem 14. Jahrhundert. Weiter vom Marktplatz auf der ulica Powstańców Warszawskich führt die Straße zum mittelalterlichen **Steintor** (Hohes Tor).

Eine Urkunde von 1271 erwähnt Rügenwalde erstmals als Stadt. Im Jahr 1350 trat Rügenwalde der Hanse bei. Im 18. Jahrhundert prosperierte die Stadt durch den Ausbau des Hafens durch Friedrich den Großen. **Rügenwaldermünde** (Darłówko) an der Mündung der Wieprza wurde zum ersten preußischen Seebad.

Auch **Dąbki** liegt an der 203. Der kleine, aber lebendige Badeort besitzt einen herrlichen Strand und einige **Campingplätze**. Dann verlässt die 203 die Küstenlinie und erreicht Koszalin, das über 100 000 Einwohner zählt.

BERÜHMTE BACKSTEINBAUTEN

Koszalin (Köslin), das bereits im 13. Jahrhundert die Stadtrechte erhielt, ist bekannt für seine Bauten der Backsteingotik. Allerdings brachte der Zweite Weltkrieg enorme Zerstörungen, sodass heute alte Gebäude hinter modernen Bauwerken fast verschwinden. Parken kann das Wohnmobil in der ulica Grunwaldzka.

Zu Fuß geht es auf der ulica Grunwaldzka nach Süden an der **historischen Koszaliner Brauerei** aus dem Jahr 1874 vorbei und dann die Treppe hoch zur querenden ulica Zwycięstwa. Schräg nach links steht das bedeutendste Bauwerk der Stadt, die **Kathedrale**

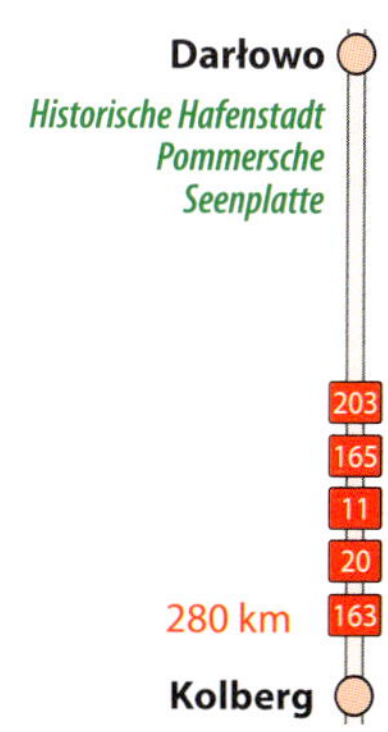

Die alte Kathedrale St. Marien versteckt sich hinter neuen Gebäuden.

St. Marien. Schräg gegenüber ist der Marktplatz mit dem modernen Rathaus. Die dreischiffige Backstein-Basilika mit dem fast 60 Meter hohen Turm wurde Anfang des 14. Jahrhunderts erbaut. Von der Stadtmauer aus dieser Zeit sind nur noch Fragmente erhalten. Die **achteckige gotische Gertraudenkapelle** befindet sich südlich der Kathedrale in der ulica Modrzejewskiej neben dem Haus mit der Nummer 2. Sie wurde 1383 errichtet.

Bevor wir im Landesinneren die Westpommersche Seenplatte besichtigen, machen wir noch einen Abstecher zum Baden an die Ostsee. Wir nehmen die 105 nach Nordwesten und kommen dann auf kleinen Straßen nahe der Küste vorwärts. **Mielno** am Beginn der großen Lagune von Jamno ist ein Badeort mit Hotels und Campingplätzen. Als Beispiel für viele kleine Badeorte, die von polnischen Urlaubern belegt sind, entdecken wir Ursprüngliches in **Sarbinowo**. Schöne Strände und geringeres Preisniveau auf Campingplätzen und in Restaurants lohnen den Besuch.

SEEN, WOHIN DAS AUGE REICHT

Die Rundreise durch die Westpommersche Seenplatte beginnt in Koszalin, wo wir auf der 11 nach Südosten fahren. Die Kleinstadt Bobolice haben wir schnell durchquert. Der Verkehrsknotenpunkt **Szczecinek** am Jezioro Trzesiecko ist zumindest für Leute, die an Architektur interessiert sind, einen Stopp wert. In der Stadt kann in der ulica Jana Pawła II geparkt werden. Wer den Aufenthalt mit ei-

SPECIAL

URSPRUNG IN DER EISZEIT

Die Westpommersche Seenplatte (Pojezierze Pomorskie) wurde von der Eiszeit geprägt, durch sie entstanden Hunderte Seen und Moränenhügel. Das Gebiet eignet sich ideal zum Wassersport. Die meisten großen Seen sind mit Flüssen oder Kanälen verbunden, sodass sich den Kanuten und Seglern praktisch ein riesiges Netz von Hunderten Kilometern an Wasserwegen eröffnet. Besonders beliebt ist die Papst-Johannes-Paul-II.-Kanuroute entlang der Drawa (Drage). Die Drawa entspringt in Westpommern. Sie fließt durch den Nationalpark Drawa (Drawieński Park Narodowy), ein Gebiet mit artenreichen Buchenwäldern.

Info: Drawieński Park Narodowy, ul. Leśników 2, 73-220 Drawno, Tel. +48 95 7682051, www.dpn.pl

Das alte Rathaus am Marktplatz in Białogard

nem Bad verbinden möchte, parkt in der ulica Mickiewicza an der beliebten **Seebrücke** am Jezioro Trzesiecko.

Die **Promenade am See** nach Norden zum **Schloss der pommerschen Herzöge** ist ein erholsamer Spazierweg. Die nördliche Richtung wird durch den Park beibehalten. Am netten **Marktplatz** erinnert das **neugotische Rathaus** von 1852 eher an eine Burg mit Wehrturm. Hier war die Architekturschule von Karl Friedrich Schinkel am Werk. Westlich des Marktplatzes wurde an der Ecke ulica Bohaterów Warszawy und ulica Księżnej Elżbiety ein **alter Speicherturm** (ul. Junaka 7) geschickt mit Modernem kombiniert. An dieser Ecke befindet sich auch die Tourist-Info der Stadt.

Der sogenannte **Nikolausturm** aus dem 16. Jahrhundert mit dem Regionalmuseum ist in der ulica Szkolna 1, nordwestlich des Parkplatzes an der ulica Jana Pawła II. Schön ist auch der Platz am See mit Badestrand um den Bismarckturm aus dem Jahr 1911, einen Kilometer südlich des Parkplatzes an der ulica Mickiewicza.

Wir verlassen Szczecinek auf der 20 nach Südwesten und finden schon vor **Jelen** einen Parkplatz mit Badesteg am Jezioro Sarcze (N 53°37'46.5" E 16°36'29.4"). Ein einfacher **Campingplatz** ist am verzweigten Jezioro Lubicko Wielkie in **Łubowo** und einige an den Seen um **Czaplinek**. Wer in der Seegemeinde parken möchte, kann dies an der ulica Rzeczna nördlich des Marktplatzes oder am südlichen Ende des Jezioro Drawsko in der ulica Złocieniecka.

Wir haben wieder die Ostsee mit den herrlichen Stränden vor Augen und fahren auf der 163 in Richtung Kołobrzeg (Kolberg). Der Kurort **Białogard** ist wegen seiner schönen Stadtansichten einen Zwischenstopp wert. Parkraum finden wir nördlich des Marktplatzes in der ulica Młynarska oder südwestlich des Marktplatzes in der ulica Batalionów Chłopskich.

Am **Marktplatz** (plac Wolności) fällt das Gebäude mit der hölzernen Turmspitze auf.

Die Orgel stammt aus dem 18. Jahrhundert.

Der Kolberger Strand ist breit und weit.

Die Kirchenruine von Hoff ist gegen weitere Abstürze gesichert.

Es ist das **alte Rathaus**, in dem heute das Regionalmuseum einquartiert ist. An der Nordostseite des Platzes entzücken die **restaurierten Bürgerhäuser**. Rechts davon lugt der Turm der gotischen **Marienkirche** aus dem frühen 14. Jahrhundert hervor. Besonders schön sind die Kreuzgewölbe, die drei Kirchenschiffe überspannen. Das **Hohe Tor**, südöstlich des Marktplatzes, aus der Zeit der Backsteingotik ist beachtenswert.

ALTEHRWÜRDIGES OSTSEEBAD

Das Ostseekurbad **Kołobrzeg** (Kolberg) wird seit dem 19. Jahrhundert vor allem von Skandinaviern und Deutschen zur Gesundung belegt, denn Kołobrzeg verfügt auch über Solequellen. Die Strände und die **Seebrücke** Kolbergs sind im Sommer stark frequentiert. Urlauber und Kurgäste nächtigen in über 10 000 Gästebetten. Die Altstadt ist daher eine belebte Einkaufs- und Flaniermeile.

Die **Marienbasilika** aus dem 14. Jahrhundert stellt die wichtigste Sehenswürdigkeit Kolbergs dar. Das neogotische Rathaus wurde im 19. Jahrhundert nach dem Entwurf des Architekten Karl Friedrich Schinkel erbaut. Der im 18. Jahrhundert errichtete beeindruckende **Leuchtturm** ist von der Altstadt über einen Kilometer entfernt.

Kolberg hat einen Campingplatz im Stadtgebiet, aber vor und nach der Stadt gibt es ruhigere Campingplätze. In der Stadt sind bewachte Parkplätze in der ulica Kamienna am Flüsschen Persante. Ein bislang kostenloser Großparkplatz ist am Kolberger Strand in der ulica Fredry. Am Strand in Verlängerung der ulica Kamienna befindet sich die

Der Camminer Dom ist der größte in Pommern.

Kamienny Szaniec (Waldenfels-Schanze), ein Erdwall mit Kasematten und Steinwall aus dem 19. Jahrhundert. Die Aufwerfung dient heute als Plateau für ein Restaurant mit guter Sicht über den Strand.

ZU EINEM GOTISCHEN JUWEL

Die weitere Reise nach Westen ist geprägt von den Küstenwäldern zwischen der 109 und dem Meer. Die Sandstrände sind lang und Campingplätze gibt es genug, aber auch Parkplätze für eine Badepause. Sieben Kilometer nach Kolberg ist ein bewachter Parkplatz, von dem es zu einem der wenigen FKK-Badeplätze in Polen geht (N 54°09'46.5" E 15°27'09.1").

Dann zeigt die 102 den Weg nach Westen, während sich hier die Küstenlinie als Kliff abzeichnet. Interessant ist die **Kirchenruine von Hoff**. Ein Parkplatz ist in Ortsmitte, die Kirchenruine liegt nördlich davon. Als die Kirche im 15. Jahrhundert gebaut wurde, war sie zwei Kilometer von der Küste entfernt. Im Laufe der Jahrhunderte und großer Stürme zehrte die See an der Steilküste und es kam schließlich zu Abstürzen von Gebäudeteilen.

Ein Abstecher auf der 107 zeigt die Kurstadt **Kamień Pomorski** mit wertvollen gotischen Baudenkmälern. Parkraum finden wir direkt am Hafen oder entlang der Stadtmauer. Die **Kathedrale St. Johannes**, zwischen 1175 und 1385 erbaut, wird auch Camminer Dom genannt und ist die größte Kirche in Pommern. Sie beherbergt eine imposante Barockorgel mit 3300 Pfeifen. Aufwendig und kunstvoll präsentiert sich die Detailarbeit an den Seitenfassaden aus verschiedenen Formziegeln. Gegenüber der Kirche beeindruckt der **Pałac Biskupi** (Bischofspalast) mit seiner prächtigen Fassade. Außerdem beachtenswert sind das **gotische Rathaus** und der **gotische Wehrturm**, in dem ein Mineralienmuseum untergebracht ist.

IM REICH DER WIKINGER

Wieder zurück an der 102, fahren wir auf dieser weiter nach Westen und durch **Dziwnów** und weitere Badeorte, die lange Strände und Campingplätze aufweisen. Danach ändert sich plötzlich die Landschaft, denn dichter Buchenwald begleitet die Straße. Wir sind im **Woliński Park Narodowy** (Nationalpark Wolin).

Kolberg
Kurbadeort
Steilküste
Büffelgehege
Wikingermuseum
Wolin
Woliński Park Narodowy
109
102
E65
235 km A6
Stettin
Historische Hafenstadt
Ziel

Am Strand von Międzyzdroje

Ein Parkplatz an der 102 ist der Ausgangspunkt des 600 Meter langen Spaziergangs zum Aussichtspunkt am **90 Meter hohen Kliff** (N 53°57'13.7" E 14°29'34.4"). Zwei Kilometer weiter ist der bewachte Parkplatz zum zwei Kilometer entfernten **Wisentgehege** im Wald (N 53°56'15.9" E 14°28'32.5"). **Międzyzdroje** ist der touristische Ausgangspunkt für den Nationalpark, aber auch Badeort mit schönen Stränden und Campingplatz.

Świnoujście (Swinemünde) nahe der deutschen Grenze ist die westlichste Hafenstadt Polens. Das alte Seebad brilliert mit wunderbaren Stränden, die allerdings in der Hauptsaison überbelegt sind. Die Fährverbindung über die Świna ist die einzige Verbindung vom Osten in die Stadt, interessant für Reisende, die entlang des weiteren Ostseestrands nach Norddeutschland wollen.

Wir verlassen die Ostsee endgültig und lenken entlang des riesigen Stettiner Haffs auf der E 65 nach **Wolin**. Der Ruhm der mittelalterlichen Handelsstadt, eine Gründung der Wikinger, ging durch dänische Überfälle schon lange verloren. Einzig das schöne **Wikingermuseum** auf der anderen Seite der Dziwna erinnert an die glanzvolle Zeit der Nordmänner (Centrum Słowian i Wikingów,

AUSFLUG

NATIONALPARK WOLIN

Zum Wolin-Nationalpark gehören Teile des Swinedeltas und der Insel Wolin. Das Gebiet zeichnet sich durch eine sehr abwechslungsreiche Moränenlandschaft aus, auf der alte, gut erhaltene Fichten-, Eichen- und Buchenmischwälder stehen. Hauptteil dieses Nationalparks ist ein zehn Kilometer langes, 100 Meter hohes Plateau, das in einer beeindruckenden Steilküste zur Ostsee abfällt. Im Nationalpark brütet der Seeadler, das Wappentier Polens. Touristische Attraktionen sind das 50 Kilometer lange Wanderwegenetz, die Aussichtspunkte am Kliff und ein Wisent-schaugehege (www.wolinpn.pl).

ul. Recław 37, 72-510 Recław, www.jomsborg-vineta.com). Wer das **Regionalmuseum** in der ulica Zamkowa 24 oder die **Kirche Sankt Mikołaja** sehen möchte, parkt in der ulica Katedralna.

WIEDERAUFERSTANDENES STETTIN

Wenn auch **Stettin** über 50 Kilometer Luftlinie von der Ostsee entfernt ist, gehört die Stadt als einer der größten Häfen der Ostsee zur polnischen Küstenfahrt. Nördlich der Stadt weitet sich die Oder zum riesigen Stettiner Haff. Unmittelbar südlich der Stadt beginnt der deutsch-polnische internationale Park Unteres Odertal. Ein günstiger Parkplatz befindet sich zentrumsnah unter der Brücke der 115 über die Oder (N 53°25'37.0" E 14°33'50.5"). Auf dem **Campingplatz Marina** vor der Stadt kann man auch länger bleiben und die Stadt mit öffentlichen Verkehrsmitteln erobern.

Die Geschichte von Szczecin reicht bis ins 8. Jahrhundert zurück. Ab 1278 im Hansebund, wuchs Stettin im 13. Jahrhundert zu einem bedeutenden Handelsplatz. Im Jahr 1815 war Stettin Hauptstadt der preußischen Provinz Pommern und mit der neuen Bahnlinie nach Berlin entwickelte sich die Stadt zu einem wichtigen Industriestandort. Im Jahr 1944 zerstörten Bombenangriffe Altstadt und

Die Kirche Sankt Mikołaja in Wolin

Die Oder ist die Lebensader Stettins.

Die Hakenterrasse ist das Wahrzeichen Stettins.

Am Renaissance-Schloss der pommerschen Herzöge

Hafen bis zu 90 Prozent. Noch heute gibt es Brachen im Stadtbild, aber es gibt auch gelungene Wiederaufbauten bedeutender historischer Gebäude.

Gehen wir vom Parkplatz unter der Brücke am Hochufer der Oder nach Norden, sind wir gleich an der **Hakenterrasse** aus dem Jahr 1902, das Wahrzeichen Stettins. Hier stehen zwei Jugendstilpavillons und eine große Freitreppe führt zum tiefer liegenden Fluss hinunter. Oberhalb des Walls reihen sich mehrere Repräsentativbauten aneinander wie auch das große Theater.

Westlich des Parkplatzes unter der Brücke liegt oben das **Schloss der pommerschen Herzöge** im Stil der Renaissance aus dem 16. Jahrhundert. Der Glockenturm am nördlichen Ende des Münzhofes bietet eine Aussichtsplattform mit Blick auf das Stadtzentrum, Fluss und Hafen.

Vom Schloss nach Süden am spätgotischen **Loitzenhof** vorbei, kommen wir zum **Stary Rynek** mit schönen Bürgerhäusern und dem gotischen Rathaus aus dem 15. Jahrhundert mit barockem Südgiebel. Innen zeigt das Museum für Stadtgeschichte archäologische Funde und zeitgeschichtliche Dokumente (www.muzeum.szczecin.pl).

Weiter nach Süden ist die verkehrsreiche ulica Wyszyńskiego, an der die riesige, wie-

Die Jakobskathedrale ist die größte Kirche Stettins.

deraufgebaute **Jakobskathedrale** aus Backsteinen steht. Die Geschichte der Kirche reicht bis ins 12. Jahrhundert zurück. Von der Kathedrale sind es auf der Straße nur 300 Meter nach Westen zum barocken **Brama Portowa** (Hafentor) aus dem 18. Jahrhundert an der plac Brama, das nur schmückende Funktion hatte. Hier befindet sich auch die Tourist-Info der Stadt.

Weit im Nordwesten der Stadt ist das **Museum für Technologie und Transport** interessant. Alles, was alt ist und Räder hat, ist hier ausgestellt (Muzeum Techniki i Komunikacji, ul. Niemierzyńska 18a, www.muzeumtechniki.eu). Wenn Sie jetzt noch einkehren wollen, probieren Sie **Paprykarz szczeciński**, ein deftiges Stettiner Paprikagericht, bestehend aus Fisch, Reis, Zwiebeln, Tomatenmark und Gewürzen.

Von Stettin bis zur deutschen Grenze auf der 13 und A 6 sind es nur 16 Kilometer. Wer noch die viaTOLL-Box zurückgeben will, macht dies an der Tankstelle an der Autobahnraststätte Kołbaskowo.

In der ulica Sienna am alten Rathaus

PRAKTISCHE HINWEISE

TOURIST-INFORMATIONEN

Tourist-Information Kuźnica (Halbinsel Hel)
Ulica Hallera 1a, 84-130 Kuźnica,
Tel. +48 58 6753698, www.kuznica.pl

Tourist-Information Jastarnia (Halbinsel Hel)
Ulica Stefańskiego 5, 84-140 Jastarnia,
Tel. +48 58 6752097, www.jastarnia.pl

Tourist-Information Hel
Ulica Wiejska 78, 84-150 Hel,
Tel. +48 58 6751010

Tourist-Information Kołobrzeg
Ulica Armii Krajowej 12, 78-100 Kołobrzeg,
Tel. +48 94 3547220, www.kolobrzeg.de

Tourist-Information Szczecin
Ulica Korsarzy 34, 70-540 Szczecin,
Tel. +48 91 4891630, www.szczecin.eu

CAMPING- UND STELLPLÄTZE

Camping Stanica Wodna
Wdzydze 29, 83-406 Wąglikowice,
Tel. +48 58 6861215,
www.wdzydze-stanica.pl
GPS-Daten: N 54°00'49.8" E 17°55'22.6"
Parzellierter Wiesenplatz am Jezioro Gołuń mit eigenem Strand, Bootsverleih und Restaurant 19 Kilometer südlich von Kościerzyna. Etwa 1,5 Kilometer vom Freilichtmuseum der Kaschubei entfernt. Ideale Gegend zum Radfahren und Wandern durch die großen Wälder. 1,5 Kilometer zu Einkaufsmöglichkeiten und weiteren Restaurants.

Camping Leśna Dolina
Wdzydze Kiszewskie 32a, 83-406 Wdzydze Kiszewskie, Tel. +48 88 2901091,
www.kemping-wdzydze.pl
GPS-Daten: N 54°01'04.8" E 17°55'24.1"
Wiesenplatz am Jezioro Jelenie, Seitenarm

Zugang zum Meer am Parkplatz vor Jastarnia

des Jezioro Gołuń, durch wenig befahrene Straße vom See getrennt, mit kleinem Restaurant, Strand und Bootsverleih. Zwei Kilometer vom Freilichtmuseum der Kaschubei entfernt. Ideale Gegend zum Radfahren und Wandern durch die großen Wälder. Zwei Kilometer zu Einkaufsmöglichkeiten und weiteren Restaurants.

Camping Półwysep Lipa
Tucholskie 2, 83-442 Wdzydze Tucholskie, Tel. +48 58 6873245, www.polwyseplipa.pl
GPS-Daten: N 53°59'18.2" E 17°55'28.2"
Wiesenplatz auf der Halbinsel Lipa im Jezioro Wdzydze, südlicher Arm des Jezioro Gołuń, mit Restaurant und kleinem Laden, 26 Kilometer südlich von Kościerzyna. Eigener Strand, Steg und Bootsverleih.

Camping Stolëma
Ulica Droga Kaszubska 8a, 83-314 Somonino Ostrzyce, Tel. +48 58 6841877, www.ustolema.pl/pole-namiotowe.html
GPS-Daten: N 54°14'58.4" E 18°07'01.9"
Wiesenplatz am Jezioro Ostrzyckie mit eigenem Strand, Restaurant und Bootsverleih. Ein Kilometer südlich von Ostrzyce, dort Einkaufsmöglichkeit und Restaurants.

Campingplatz Tamowa
Zawory 47a, 83-333 Chmielno, Tel. +48 58 6842535, www.tamowa.pl
GPS-Daten: N 54°19'14.7" E 18°07'05.9"
Wiesenplatz am Ostufer des Jezioro Kłodno mit eigenem Strand und Bootsverleih. Vier Kilometer in das Zentrum von Chmielno mit Einkaufsmöglichkeiten und Restaurants.

Camping Małe Morze
Ulica Droga Helska 1, 84-120 Władysławowo, Tel. +48 58 6741231, www.malemorze.pl
GPS-Daten: N 54°46'55.3" E 18°26'38.1"
Sand-/Rasenplatz am Küstenstreifen zwischen 216 und Südküste von Hela, 1,5 Kilometer nach dem Ortsende von Władysławowo mit Einkaufsmöglichkeiten und weiteren Restaurants. Eigener Strand, Anleger, Surf- und Kiteschule, Bootsverleih und Restaurant.

Camping Kaper
Chałupy, 84-131 Chałupy, Tel. +48 58 6741486, www.kaperkemping.pl
GPS-Daten: N 54°46'39.3" E 18°27'23.4"
Sand-/Rasenplatz am Küstenstreifen zwischen 216 und Südküste von Hela, zwei Kilometer nach dem Ortsende von

An der Tourist-Info in Kuźnica

Władysławowo und vier Kilometer vor Chałupy mit Einkaufsmöglichkeiten und weiteren Restaurants. Eigener Strand, Anleger, Surf- und Kiteschule, Bootsverleih und Restaurant.

Campingplätze Chałupy
Allein in und um Chałupy befinden sich mindestens sechs weitere Campingplätze mit ähnlichem Konzept und Ausstattung, alle am Küstenstreifen zwischen 216 und Südküste von Hela mit eigenen Stränden.

Camping Maszoperia – Polsporty
Ulica Mickiewicza 139, 84-140 Jastarnia, Tel. +48 58 6752608, www.maszoperia.pl
GPS-Daten: N 54°42'55.2" E 18°38'03.5"
Sand-/Rasenplatz am Küstenstreifen zwischen 216 und Südküste von Hela, 3,5 Kilometer nach dem Ortsende von Kuźnica und drei Kilometer vor Jastarnia mit Einkaufsmöglichkeiten und weiteren Restaurants. Eigener Strand, Surf- und Kiteschule und Restaurant.

Campingplätze Jastarnia
Im Ort Jastarnia befinden sich mindestens vier weitere Campingplätze, alle im Ortsgebiet, eher nach der Nordküste der Halbinsel ausgerichtet, aber ohne eigenen Strand.

Camping Helkamp
Ulica Kuracyjna 1, 84-150 Hel,
Tel. +48 603 711522, www.helkamp.com
GPS-Daten: N 54°35'58.7" E 18°48'26.3"
Sand-/Rasenplatz am Südende des Hafens im Ortsgebiet von Hel, ein Kilometer in das Zentrum von Hel mit Einkaufsmöglichkeiten und Restaurants und ein Kilometer zu den Stränden an der Südspitze der Halbinsel Hela.

Camping Lazurowe
Ulica Aleja Żeromskiego 168–174, 84-120 Chłapowo, Tel. +48 501 197450, www.lazurowe.com.pl
GPS-Daten: N 54°48'20.4" E 18°23'00.2"
Großer Wiesenplatz im belebten Ort zwischen 215 und Ostseeküste. Einkaufsmöglichkeiten und Restaurants in der Nähe.

Camping Alexa
Ulica Żeromskiego 44, 84-120 Chłapowo, Tel. +48 58 6742413, www.alexa.gda.pl
GPS-Daten: N 54°48'29.1" E 18°22'32.0"
Wiesenplatz im belebten Ort zwischen 215 und Ostseeküste. Einkaufsmöglichkeiten und Restaurants in der Nähe.
In Chłapowo existieren mindestens noch vier weitere Campingplätze.

Camping Domki Na Skarpie
Ulica Rozewska 9, 84-104 Jastrzębia Góra, Tel. +48 692 194685,
www.domkinaskarpie.com
GPS-Daten: N 54°49'56.8" E 18°19'21.1"
Wiesenplatz im Ort zwischen 215 und Küstenwald vor der Ostseeküste. Einkaufsmöglichkeiten und Restaurants in der Nähe. 200 Meter zum Strand, ein Kilometer in das Zentrum von Jastrzębia Góra mit weiteren Einkaufsmöglichkeiten und Restaurants.

Camping Łebski
Ulica Turystyczna 1, 84-360 Łeba,
Tel. +48 59 8661435, www.lebskikemping.pl
GPS-Daten: N 54°45'47.8" E 17°32'03.1"
Wiesenplatz mit lichtem Baumbestand im westlichen Teil von Łeba, Einkaufsmöglichkeiten und Restaurants in der Nähe, 1,5 Kilometer in das Zentrum von Łeba, 300 Meter zum Strand, zwei Kilometer zum Eingang in den Słowiński-Nationalpark.

Camping Morski
Ulica Turystyczna 3, 84-360 Łeba,
Tel. +48 59 8661380, www.camping21.pl
GPS-Daten: N 54°45'41.5" E 17°32'18.4"
Teilweise parzellierter, guter Wiesenplatz mit lichtem Baumbestand im westlichen Teil von Łeba. Restaurant und Minimarket. Einkaufsmöglichkeiten und Restaurants in der Nähe, ein Kilometer in das Zentrum von Łeba, 500 Meter zum Strand, zwei Kilometer zum Eingang in den Słowiński-Nationalpark.

Camping Przymorze
Ulica Nadmorska 9, 84-360 Łeba,
Tel. +48 59 8661304, www.camping-leba.pl
GPS-Daten: N 54°45'54.6" E 17°34'21.1"

Auf dem Parkplatz bei Czołpino

Wiesenplatz mit teilweise lichtem Baumbestand im östlichen Teil von Łeba. Einkaufsmöglichkeiten und Restaurants in der Nähe, 1,5 Kilometer in das Zentrum von Łeba, 100 Meter zum Strand, vier Kilometer zum Eingang in den Słowiński-Nationalpark. In Łeba existieren mindestens noch sechs weitere Campingplätze.

Camping Surfcamp-Gardno
Gardno, 76-213 Gardna Mała Retowo,
Tel. +48 609 485199,
www.surfcamp-gardno.pl
GPS-Daten: N 54°37′59.1″ E 17°08′28.3″
Ruhiger und einsamer Wiesenplatz am Küstensee Jezioro Gardno, 15 Kilometer westlich der Wanderdüne von Czołpino und 18 Kilometer von Rowy an der Ostsee. Einkaufsmöglichkeit und Restaurant in Gardna Wielka, 2,5 Kilometer östlich.

Camping Nr. 243
Ulica Józefa Conrada 20, 76-150 Darłówko,
Tel. +48 94 3142872, www.camping243.com
GPS-Daten: N 54°26′16.5″ E 16°23′15.8″
Wiesenplatz am Hafen von Darłówko in bebauter Umgebung. 500 Meter zum Strand, Leuchtturm, Einkaufsmöglichkeit und Restaurants, drei Kilometer in das historische Zentrum von Darłowo.

Camping Przy Plaży
Ulica Plażowa 7, 76-156 Dąbki,
Tel. +48 94 3148842, www.bobolin.com.pl
GPS-Daten: N 54°23′45.5″ E 16°20′42.2″
Wiesenplatz in Bobolin vor Dąbki. Etwa 700 Meter zum Strand, Restaurant in der Nähe. Einkaufsmöglichkeit im größeren Dąbki 2,5 Kilometer weiter.

Camping Amberia
Ulica Darłowska 10, 76-156 Dąbki,
Tel. +48 663 753631, www.amberia-dabki.pl
GPS-Daten: N 54°23′01.3″ E 16°19′14.6″
Wiesenplatz am Hotel Amberia an der 203, Einkaufsmöglichkeit und Restaurants in der Nähe. Rund 300 Meter zum Strand.

Camping Ada
Ulica Świerczewskiego 29, 76-032 Mielno-Unieście, Tel. +48 605 48 31 97,
www.ada.strefa.pl
GPS-Daten: N 54°16′11.3″ E 16°05′24.8″
Wiesenplatz am östlichen Ortsrand von Mielno. Einkaufsmöglichkeit und Restaurants in der Nähe. Zwei Kilometer in das Zentrum, 100 Meter zum Strand.

Camping Kalifornia
Ulica Pionierów 15, 76-032 Mielno,
Tel. +48 607 544447, www.kaliforniacamp.pl

GPS-Daten: N 54°15'44.7" E 16°03'32.8"
Wiesenplatz mitten in Mielno. Einkaufsmöglichkeit und Restaurants in der Nähe. Zwei Kilometer in das Zentrum, 100 Meter zum Strand.
In Mielno gibt es noch eine ganze Reihe weiterer Campingplätze.

Camping Pod Brzózką
Ulica Nadmorska 87, 76-034 Sarbinowo,
Tel. +48 94 3165662,
www.podbrzozka.com.pl
GPS-Daten: N 54°14'50.0" E 15°56'22.9"
Wiesenplatz am westlichen Ortsrand von Sarbinowo. Restaurant in der Nähe. Einkaufsmöglichkeit und weitere Restaurants im Zentrum in 500 Metern, 50 Meter zum Strand.

Camping ADA Rodzinne
Ulica Nadmorska 128, 76-034 Sarbinowo,
Tel. +48 601 483197, www.ada.strefa.pl
GPS-Daten: N 54°14'46.4" E 15°55'51.9"
Ruhiger Wiesenplatz am westlichen Ortsrand von Sarbinowo. Restaurant in der Nähe. Einkaufsmöglichkeit und weitere Restaurants im einen Kilometer entfernten Zentrum, 50 Meter zum Strand.
In Sarbinowo gibt es noch eine ganze Reihe weiterer Campingplätze.

Camping Łubowo
Ulica Dolna, 78-445 Łubowo,
Tel. +48 601 218415
GPS-Daten: N 53°35'30.0" E 16°23'21.9"
Einfacher Wiesenplatz am Jezioro Lubicko Wielkie mit eigenem Strand, Steg und kleiner Bar. Zufahrt auf 600 Metern Sandstraße. Einkaufsmöglichkeit einen Kilometer entfernt. Kein Restaurant in der Nähe.

Camping Czaplinek
Ulica Drahimska 79, 78-550 Czaplinek,
Tel. +48 94 3755168,

Auf dem Campingplatz Pod Brzózką in Sarbinowo

Am Campingplatz im Feriendorf Drawtur

www.campingczaplinek.pl
GPS-Daten: N 53°34'13.6" E 16°13'51.0"
Wiesenplatz am Jezioro Drawsko mit Strand und Bootsverleih. Ein Kilometer in das Zentrum von Czaplinek mit Einkaufsmöglichkeiten und Restaurants.

Camping Drawtur
Ulica Pięciu Pomostów 1, 78-550 Czaplinek, Tel. +48 94 3755454, www.drawtur.com
GPS-Daten: N 53°34'36.1" E 16°13'11.4"
Wiesenplatz am Jezioro Drawsko in einem Feriendorf mit eigenem Strand, Steg, Bootsverleih und Restaurant. Etwa 2,5 Kilometer in das Zentrum von Czaplinek mit Einkaufsmöglichkeiten und weiteren Restaurants.

Camping Baltic
4 Dywizji Wojska Polskiego 1, 78-100 Kołobrzeg, Tel. +48 606 411954, www.camping.kolobrzeg.pl
GPS-Daten: N 54°10'52.7" E 15°35'44.4"
Wiesenplatz im Stadtgebiet Kolbergs, zwei Kilometer in das Zentrum von Kolberg, einen Kilometer zum Strand. Beeinträchtigung durch Bahnlinie und Straße möglich.

Camping Biała Mewa
Ulica Wyzwolenia 48, 78-131 Dźwirzyno, Tel. +48 94 3585402, www.bialamewa.dzwirzyno.pl
GPS-Daten: N 54°09'41.9" E 15°25'31.9"
Wiesenplatz teilweise unter lichtem Baumbestand, neun Kilometer westlich von Kolberg. 300 Meter zum Strand, 700 Meter zu Einkaufsmöglichkeiten und Restaurants.

Camping Klif
Ulica Kamieńska 2, 72-344 Rewal, Tel. +48 91 3862618, www.klifrewal.pl
GPS-Daten: N 54°04'45.6" E 15°00'15.3"
Wiesenplatz zwischen der 102 und dem Küstenwaldstreifen vor der Steilküste. Rund 150 Meter zum Strand, 800 Meter zur Kirchenruine von Hoff, 300 Meter zu Einkaufsmöglichkeiten und Restaurants.

Camping Marina
Ulica Przestrzenna 23, 70-800 Szczecin, Tel. +48 91 4601165, www.campingmarina.pl
GPS-Daten: N 53°23'41.9" E 14°38'11.1"
Wiesenplatz an einer Marina mit kleinem Restaurant, zehn Kilometer vor dem Zentrum. Bushaltestelle vor dem Campingplatz.

Im Bialwieza Nationalpark überlässt man die Natur sich selbst.

» REISE-INFORMATIONEN VON A BIS Z

Auf den Bauernmärkten wartet gute Ware auf die Kunden.

ALKOHOL

Alkoholkonsum in der Öffentlichkeit ist nicht erlaubt und wird mit Geldbuße belegt. Ausnahmen bestehen natürlich in Restaurants und Biergärten.

ANREISE

Je nach Ausgangsort in Deutschland stehen verschiedene Grenzübergänge zur Verfügung. Die Reise durch das nördliche Polen in diesem Buch startet am Grenzübergang Frankfurt (Oder) auf der A12 im Übergang zur polnischen A2.

BADEN

Polen bietet herrliche Sandstrände an der Ostsee und unzählige Seen. Grüne, gelbe und rote Flaggen zeigen Gefahren an. Bei roter Flagge besteht Badeverbot. Baden ohne Bikinioberteil ist tabu. FKK-Strände sind sehr selten.

BOTSCHAFTEN

Deutsche Botschaft
Jazdów 12, 00-467 Warszawa,
Tel. +48 22 5841700, www.polen.diplo.de
Österreichische Botschaft
Jurija Gagarina 34, 00-748 Warszawa,
Tel. +48 22 841008184,
www.bmeia.gv.at/oeb-warschau
Schweizer Botschaft
Aleje Ujazdowskie 27, 00-540 Warszawa,
Tel. +48 22 6280481,
www.eda.admin.ch/warsaw

CAMPING- UND STELLPLÄTZE

Freies Übernachten auf Parkplätzen und öffentlichem Gelände ist an der Küste und in Naturschutzgebieten generell verboten. Auch sonst ist dies nur mit Genehmigung der Behörden erlaubt. Ob Sie auf Rastplätzen frei übernachten, obliegt Ihrer eigenen Verantwortung. Wir empfehlen für eine Übernachtung nur Campingplätze und offizielle Wohnmobilstellplätze. Gute Campingplätze finden sich auch unter www.pfcc.eu und www.eurocampings.de. Agroturystyka-Betriebe gewähren auf Nachfrage oft einen Stellplatz für eine Nacht.

EINKAUFEN UND ÖFFNUNGSZEITEN

Die Preise vieler Dinge des täglichen Lebens sind billiger als in Deutschland, Österreich oder der Schweiz. Lebensmittel sind am günstigsten auf den Bauernmärkten oder direkt bei den Erzeugern zu bekommen.

In Supermärkten, Geschäften und Restaurants werden gängige Kreditkarten akzeptiert. Nicht in der EU ansässige Personen können steuerfrei einkaufen. Die Mehrwertsteuer von 23 Prozent wird bei Vorlage entsprechender Formulare der Geschäfte bei der Ausreise ausbezahlt.

Die Öffnungszeiten der Geschäfte und Tankstellen sind unterschiedlich. Supermärkte haben oft auch am Sonntag geöffnet. Restaurants öffnen mindestens von 12–22 Uhr, Banken Montag bis Freitag von 10–18 Uhr, Museen können von 9–17 Uhr besucht werden, außer am Montag.

EINREISE

EU-Bürger, Schweizer und andere benötigen kein Visum. Der Personalausweis reicht. Polen ist Mitglied des Schengen-Abkommens und führt in der Regel keine Grenzkontrollen durch. Allerdings kann es bei gebotener Sicherheitslage zu solchen kommen. Kraftfahrer benötigen einen gültigen Führerschein, den Kfz-Schein und die grüne Versicherungskarte. Für ein geliehenes Fahrzeug ist eine Bestätigung des Fahrzeughalters oder der Mietvertrag nötig.

ELEKTRIZITÄT

Die Stromspannung beträgt 230 Volt. Für die Steckdosen werden keine Adapter benötigt. Auf den Campingplätzen gibt es allerdings nicht überall die blauen CEE-Camping-Steckdosen mit drei Polen. Oft ist ein Stecker-Typ E oder C wie in deutschen Häusern nötig.

FEIERTAGE

Die religiösen Feiertage sind mit denen in Deutschland identisch. Auch der 1. Mai ist ein Feiertag in Polen. Der 3. Mai ist der Tag der Verfassung und der 15. August ist außer Mariä Himmelfahrt auch der Tag der Polnischen Armee.

FREMDENVERKEHRSAMT

Informationen zu Ihrer Reise erhalten Sie bei:
Polnisches Fremdenverkehrsamt,
Hohenzollerndamm 151, 14199 Berlin,
Tel. +49 30 2100920, info@polen-info.de,
www.polen.travel/de

GELD

Die Währung ist der polnische Złoty (PLN). Ein Złoty ist in 100 Groszy aufgeteilt. Es gibt 1-, 2- und 5-Złoty-Münzen und Scheine zu 10, 20, 50, 100 und 200 Złoty.
1 € = 4,20 Złoty (Stand: 12/2017)

Neben Banken und Geldautomaten kommt man in Wechselstuben (Kantor) an Bargeld. An den Geldautomaten ist die wählbare Abrechnung in Złoty oft günstiger als die sofortige Bearbeitung in Euro, denn die eigene Bank zu Hause rechnet mit dem besseren Tageskurs ab.

»Sklep« sind die typischen polnischen Läden.

Bunzlauer Keramik ist berühmt und typisch polnisch.

GESUNDHEIT

Bei gesundheitlichen Problemen kann man sich an private Behandlungszentren, Ärzte oder an die Notaufnahme der Krankenhäuser wenden. Polen gewährt Bürgern aller EU-Mitgliedsstaaten kostenlose Nothilfe. Als Nachweis gilt die Versichertenkarte. Trotzdem muss oft für die Behandlung erst einmal in bar bezahlt werden. Die Krankenkasse übernimmt dann die Kosten für ärztliche Leistungen. Eine Auslandskrankenversicherung bietet zusätzliche Leistungen, zum Beispiel einen notwendigen Rücktransport. Reisende aus Drittstaaten sollten entsprechende Versicherungen abschließen, sonst muss für die Behandlung in bar bezahlt werden. Apotheken sind gut ausgestattet und einige in größeren Orten haben 24 Stunden geöffnet. Der Rettungsdienst hat die einheitliche Notrufnummer 999 oder 112.

HAUSTIERE

Für jedes mitreisende Haustier sind ein europäischer Heimtierausweis und eine eintätowierte Kennzeichnungsnummer oder ein Transponder-Chip nötig. Eine zeitnahe Tollwutimpfung, mindestens 21 Tage vor der Einreise, ist dafür Voraussetzung. Welpen müssen mindestens 15 Wochen alt sein. In öffentlichen Verkehrsmitteln müssen Hunde einen Maulkorb tragen. Für sie gilt es, eine eigene Fahrkarte zu lösen. Einige Restaurants verweigern den Zutritt mit Hunden.

INTERNET

Das Angebot an WLAN-Hotspots und Internet-Cafés ist sehr gut (www.hotspot-locations.de). Auch viele Campingplätze und Tankstellen bieten kostenlose Einwahlmöglichkeiten oder Computer mit Internetzugang.

Informative Seiten sind: www.polen.travel, www.polen-netz.de, www.edenpoland.pl, www.pot.gov.pl, www.masuren.de. Fast jede Stadt verfügt über eine eigene Website.

KARTEN UND LITERATUR

Die folgenden Karten und Bücher unterstützen Sie zusätzlich während der Reise:

Autokarte »Polen«, 1:500 000,
Freytag & Berndt, ISBN 978-3-7079-0180-1
Autokarte »Polen«, 1:800 000,
Marco Polo, ISBN 978-3-8297-3838-5
Reiseführer »Polen. Der Norden«,
DUMONT, ISBN 978-3-7701-7856-8
Reiseführer »Polen«, Baedeker,
ISBN 978-3-8297-1438-9

KLIMA, WETTER UND REISEZEIT

Polen wird von gemäßigtem Übergangsklima beherrscht, da trockene Luft mit feuchter atlantischer Luft zusammentrifft. An der Küste überwiegt sanfteres Seeklima, im Landesinneren Kontinentalklima mit wärmeren Sommern als am Meer. Die Monate Juni, Juli und August haben eine mittlere Temperatur zwischen 16 und 19 °C. Daraus resultiert die beste Reisezeit. Im Mai können Luft und Wasser noch recht frisch sein. Der September ist noch eine sehr schöne Zeit mit abgemilderten Temperaturen. Zur Zeit der polnischen Schulferien von Ende Juni bis Ende August sind viele Strände und Reisegebiete recht voll.

MAUT

Die Autobahn A 1 zwischen Tczew und Gdynia, die Autobahn A 2 ab der Grenze bis Warschau und andere Straßen sind gebührenpflichtig. Die Maut wird bar an Mautstationen kassiert. Bei Fahrzeugen mit einem höchstzulässigen Gesamtgewicht von über 3,5 Tonnen wird elektronisch über eine viaBOX abgerechnet; solche Fahrzeuge sind auch auf einigen Landstraßen gebührenpflichtig. Unter dem Logo viaTOLL kann an Tankstellen und Vertriebsstellen die viaBOX entliehen und aufgeladen werden. Bei der Einfahrt über die A 2 bei Frankfurt (Oder) ist folgender Terminal anzufahren: Świecko Terminal, Niemcy, Lubuskie, 69-105 Świecko, GPS: N 52°18'35.0" E 14°38'36.1" (1. Autobahnausfahrt auf polnischer Seite abfahren und dann rechts den Schildern »Port Świecko« folgen). Bei der Ausfahrt auch an anderer Stelle kann die viaBOX zurückgegeben werden und der Restbetrag wird erstattet. Servicestellen, gebührenpflichtige Straßen und Informationen finden Sie unter www.viatoll.pl.

NOTFALL

In jedem Fall gilt die europäische Notrufnummer 112 (Leitstelle). Weitere wichtige Nummern sind:
Polizei 997
Feuerwehr 998
Erste Hilfe 999
Meist wird auch Deutsch oder Englisch gesprochen. Im Sommer gibt es einen deutschsprachigen Notruf unter den Nummern +48 60 8599999 oder +48 22 2787777.

PARKEN

In vielen Städten und an Stränden ist für das Parken eine Gebühr (Płatny) fällig, die an Parkuhren oder bar bezahlt wird. Es gibt auch bewachte (dozorowany oder strzeżony) Parkplätze. Normale Parkplätze in den Städten sind meist nur für Wohnmobile bis zu sechs Metern Länge tauglich.

RADFAHREN

Auf den kleinen Nebenstraßen lässt sich mit wenig Verkehr gut Radfahren. Angelegte Rad-

Am einfachen Campingplatz Łubowo

Bernstein gibt es viel und in allen Variationen.

wege gibt es in den Nationalparks und an der Küste. Nähere Angaben finden sich in den Beschreibungen der Touren.

RAUCHEN

Absolutes Rauchverbot gilt in Museen, öffentlichen Verkehrsmitteln, auf Bahnhöfen, an Bushaltestellen, in Krankenhäusern und in Restaurants.

SICHERHEIT

Polen ist ein sicheres Reiseland. Die Kriminalitätsrate liegt auf europäischem Niveau. Wie überall auf der Welt sind natürlich allgemein bekannte Vorsichtsmaßnahmen angebracht. Leichtsinn fördert die Kriminalität.

SOUVENIRS

Selbstverständlich ist Bernstein die erste Wahl. Danzig gilt als Stadt des Bernsteins mit riesigem Angebot. Doch Vorsicht: Offerten an Straßenständen haben nicht immer eine gute Qualität oder können sogar Fälschungen sein. Polen ist darüber hinaus für seine exzellenten Wurstwaren und guten Wodka berühmt. Es gibt aber auch gute Handarbeitsartikel und Keramik.

SPRACHE

Oft wird an touristischen Orten Deutsch oder Englisch gesprochen. Die polnische Sprache gilt mit den zungenbrechenden Lauten als schwierig. Wer sich damit befassen möchte, stößt zunächst auf Zeichen, die es in der deutschen Sprache nicht gibt. Ein kleines Wörterbuch mit Hilfe für die Aussprache erleichtert die Verständigung. Einige wichtige polnische Wörter listen wir im Kapitel »Vielgestaltiges nördliches Polen« auf.

STRASSEN

Polen nimmt bei tödlichen Verkehrsunfällen in Europa einen traurigen Spitzenplatz ein. Zwar hat die Qualität der Straßen in den letzten Jahren sehr gewonnen, aber Straßen in abgelegenen Gegenden sind wegen ihres desolaten Zustands berüchtigt und gefährlich. Für Wohnmobile sind kleinere Straßen mit einengenden Alleebäumen wie zum Beispiel in Masuren nicht einfach zu befahren.

TANKEN

Diesel ist an den Tanksäulen meistens mit »ON« (olej napędowy) angeschrieben.

TELEFONIEREN

Mobiltelefone wählen sich in Polen flächendeckend ein. Für öffentliche Telefonzellen wird eine Telefonkarte benötigt, die in Kiosken zu haben ist. Vorwahl von Polen nach Deutschland ist die 0049, nach Österreich die 0043 und in die Schweiz die 0041. Die Vorwahl nach Polen lautet 0048.

TOILETTEN

Für öffentliche Toiletten wird Kleingeld benötigt. Ein Kreis-Symbol auf der Türe ist für Frauen (Damska), ein Dreieck-Symbol für Männer (Meska).

TRINKGELD

Trinkgeld ist in Polen nicht obligatorisch, aber bei gutem Service sind zehn Prozent üblich.

VERKEHRSMITTEL

Straßenbahnen, Busse und Taxis sind verhältnismäßig günstig. Das Schienennetz der Bahn ist nicht besonders dicht.

VERKEHRSVORSCHRIFTEN

Für Wohnmobile und Wohnanhänger jeglicher Gewichtsklasse gilt ein Tempolimit von 50 km/h in Ortschaften, 70 km/h auf Landstraßen und 80 km/h auf Autobahnen. Orte sind mit grünen Ortsanfangs-Schildern gekennzeichnet. Die Geschwindigkeitsbegrenzung gilt ab dem schwarz-weißen Schild mit Stadtsilhouette.

Ganzjährig muss 24 Stunden mit Abblendlicht gefahren werden.

Über 0,2 Promille Alkohol im Blut droht der Entzug des Führerscheins. Mehr als 0,5 Promille kann mit Gefängnis geahndet werden.

Anschnallpflicht gilt für alle Mitfahrer. Kinder bis zu einer Körpergröße von 150 Zentimetern müssen in zugelassenen Kindersitzen untergebracht sein.

Während der Fahrt darf nur über eine Freisprecheinrichtung telefoniert werden.

Unfälle müssen der Polizei gemeldet werden (Tel. 997 oder 112). Für die Schadensregulierung ist ein Polizeiprotokoll nötig.

WANDERN

Besonders in den Nationalparks existieren angelegte Wanderwege. Nähere Angaben finden sich in den Beschreibungen der Touren.

WASSER

Das Leitungswasser ist gesundheitlich unbedenklich. Wer sichergehen möchte, kauft Trinkwasser in Flaschen.

WASSERSPORT

Mit dem Kajak oder Kanu auf den vielen Seen unterwegs zu sein zählt zu den schönsten Freizeitbeschäftigungen in Polen. Oft existieren lange Routen, die sich durch einige Seen ziehen. An vielen Orten gibt es Boote zu mieten. Auf zahlreichen Seen und Kanälen kann auch eine Fahrt mit Ausflugsbooten unternommen werden.

ZEIT

In Polen gilt die MEZ (Mitteleuropäische Zeit) wie in Deutschland.

ZOLL

Bei Ausfuhr für den persönlichen Gebrauch gelten folgende Richtmengen: 800 Zigaretten, 10 Liter Spirituosen, 90 Liter Wein, 110 Liter Bier, 10 Kilogramm Kaffee, 20 Liter Benzin oder Diesel im Reservekanister. Für die Ausfuhr von Antiquitäten, die als Kulturgüter gelten, ist eine Genehmigung des Ministers für Kultur erforderlich. Die Einfuhr von Waffen ist grundsätzlich verboten.

Russisches Erbe auf den Straßen

REGISTER

Vom Aussichtsturm am Kompleks Kaszubskie Oko reicht der Blick bis zur fast 15 Kilometer entfernten Ostsee.

P.S.: DA FÄLLT MIR NOCH WAS EIN!

ICH HAB NICHT MEHR ALLE TASSEN IM SCHRANK

Es war irgendwo hinter Białystok an der Grenze zu Weißrussland. Diese Straße müsste doch auch gehen, meinten das Navi und meine Karte. In einem kleinen Dorf mit typischen Holzhäuschen zweigte die Straße ab und sehr grobes Kopfsteinpflaster begann. Es ist nicht ungewöhnlich, dass im Bereich der Dörfer noch die »antiken« Pflaster liegen. Aber das Kopfsteinpflaster endete nicht. Es ging 16 Kilometer über die Felder bis zum nächsten Dorf. Keine Chance für eine Umkehr. Aus dem Wohnmobil-Aufbau hinter mir kam bald ein dumpfes Dröhnen. In den Schränken waren Wäsche, mein Büro, Geschirr und die Tassen durcheinandergewirbelt. Die Abkürzung hat sich also nicht gelohnt und findet sich natürlich auch nicht in der Touren-Beschreibung.

Ein anderes Mal war es irgendwo in der Allensteiner Seenplatte. Mit den Augen war ich überall, denn da müsste doch ein Campingplatz sein. Zusätzlich warfen die Bäume ihre Schatten auf die Straße. Keine Chance, den Höcker als Speedbreaker noch rechtzeitig zu erkennen. Die Vorderachse bekam einen Schlag, doch das steckte die weg. Die Hinterachse vertrug das auch, aber wieder nicht Tassen & Co. in den Schränken.

ICH HÄTTE ES WISSEN MÜSSEN

Von der Frischen Nehrung an der russischen Grenze kommend, freute ich mich, dass es viel schneller vorwärts ging als geplant. Da konnte ich ja noch Danzig erreichen! Vor lauter Freude habe ich die Uhrzeit nicht beachtet und geriet in der Hauptverkehrszeit in Danzig in einen Megastau. In aller Langsamkeit konnte ich dann wenigstens von der Brücke über die Mottlau aus in der Ferne das Grüne Tor und das Krantor betrachten.

So ein Buch zu schreiben, beschert durchaus Überraschungen, aber die positiven Eindrücke überwiegen und bleiben. Ihnen allzeit eine gute Fahrt durch das wunderschöne nördliche Polen!

Herzliche Grüße

In gleicher Reihe erschienen ...

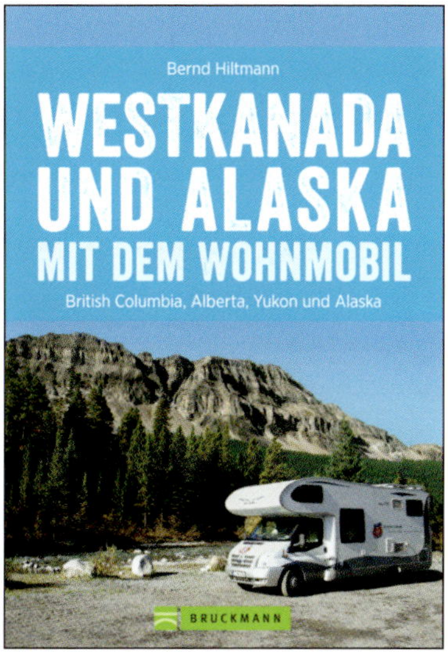

ISBN 978-3-7654-5300-7

ISBN 978-3-7343-1024-9

ISBN 978-3-7343-0102-5

ISBN 978-3-7343-1068-3

BRUCKMANN

www.bruckmann.de

IMPRESSUM

Verantwortlich: Kerstin Thiele
Lektorat: Michaela Zelfel
Layout: Elke Mader
Repro: Cromika
Kartografie: Heidi Schmalfuß
Herstellung: Anna Katavic
Printed in Slovenia by Florjancic

★★★★★

Sind Sie mit diesem Titel zufrieden? Dann würden wir uns über Ihre Weiterempfehlung freuen.
Erzählen Sie es im Freundeskreis, berichten Sie Ihrem Buchhändler oder bewerten Sie bei Onlinekauf. Und wenn Sie Kritik, Korrekturen oder Aktualisierungen haben, freuen wir uns über Ihre Nachricht an den Bruckmann Verlag, Postfach 40 02 09, D-80702 München oder per E-Mail an lektorat@verlagshaus.de.

Unser komplettes Programm finden Sie unter www.bruckmann.de

Alle Angaben dieses Werkes wurden vom Autor sorgfältig recherchiert und auf den neuesten Stand gebracht sowie vom Verlag geprüft. Für die Richtigkeit der Angaben kann jedoch keine Haftung übernommen werden, weshalb die Nutzung auf eigene Gefahr erfolgt. Insbesondere bei GPS-Daten können Abweichungen nicht ausgeschlossen werden.

Bildnachweis: Alle Bilder stammen vom Autor; außer: S. 15 shutterstock/Fotokon, S. 20/21 shutterstock/Szymon Mucha, S.125 shutterstpock/Kasper Czyk, S.148/149 shutterstock/Piotr Kamionka.

Umschlagvorderseite: Die Marienburg ist die mächtigste Backsteinfestung Europas.
Umschlagrückseite: Am Parkplatz vor dem Camping Marina Borki am Necko See in Augustów

Die Deutsche Nationalbibliothek verzeichnet diese Publikation in der Deutschen Nationalbibliografie; detaillierte bibliografische Daten sind im Internet über http://dnb.d-nb.de abrufbar.

ISBN 978-3-7343-1059-1